토론과
수사학

토론과 수사학

박삼열 지음

KSi 한국학술정보㈜

/ 머리말 /

    토론이라 하면 말싸움 혹은 말로 싸움하는 기술 정도로 단순하게 생각하는 경우가 있다. 아니면 정치인이나 지식인들의 전유물로서 자신과는 동떨어진 것으로 여기기 십상이다. 그러나 토론은 자신의 생각을 관철하기 위해 일상에서 행해지는 단순한 말싸움과는 여러 면에서 구분된다. 특히 토론은 논의를 위한 규칙과 형식을 중시한다. 자신의 논의를 그러한 규칙과 형식에 맞게 논리적으로 전개할 때만이 다른 이들의 공감을 이끌어낼 수 있다. 그렇다고 토론을 특별하고 특이한 것으로만 생각하는 것도 옳지 않다. 그 누구도 토론의 상황에서 벗어난 사람은 없기 때문이다. 한국 사회는 혼란의 시대를 살아가는 여느 사회와 마찬가지로 많은 갈등 상황을 겪고 있으며, 어떤 형태로든 갈등을 겪지 않는 개인은 없다. 공적으로든 사적으로든 갈등을 일으키는 문제들은 항상 우리의 삶과 밀접한 연관이 있는 것들이다. 이러한 갈등 상황을 바람직한 방향으로 해결하기 위해서는 감정적인 대응이 아니라 합리적인 대화와 토론이 필요하다.

토론은 공적이든 사적이든 우리 삶의 현실적 문제와 직결되어 있다. 현실적 문제가 아니라면 토론은 단지 사변적인 입씨름과 별반 다르지 않을 것이다. 토론의 중요한 목적은 상대방에 대한 설득이다. 토론은 어떤 문제나 쟁점에 대해 서로 의견을 교환하는데 그치지 않고 상대방을 설득하여 자신의 뜻을 개진하는 것이다. 일반적인 말싸움은 자신의 주장을 펼치는데 집중하게 되며, 자신의 주장을 끝까지 지키는 것만으로도 어느 정도 목적을 달성했다고 볼 수 있다. 그러나 토론은 상대방, 더 나아가 청중을 설득해야 하는 목적을 가지고 있다. 아무리 자신의 주장을 일목요연하게 펼친다 하더라도 상대방이나 청중이 설득되지 않는다면 실제적인 이득은 없다고 할 수 있다.

설득이란 행위는 포괄적으로 말하자면 청자의 태도의 변화를 일으키는 것으로 정의해볼 수 있다. 상대에 따라 설득의 방법이 달라질 수 있으며 상대의 입장에 서 보는 것이 얼마나 중요한지에 대한 깨달음에서 나온 것이 수사학이란 학문이다. 수사학은 어떠한 논증에라도 적합한 설득의 수단을 제공하는 것이 목표인 것이다. 이 책은 현실성과 설득력을 중시하는 토론과 수사학의 특징에 주목하여 토론에 대한 수사학의 기여 가능성을 찾고자 했다. 또한 토론의 현실에서의 유연성에 초점을 맞추어 교양과목과의 연계 가능성도 숙의하였다.

이 책의 제1부는 수사학을 중심으로 토론에서 어떻게 적용 가능하지를 다루었다. 연설가의 에토스(성품), 청중의 파토스

(감정), 그리고 논증 자체인 로고스를 찾아내는 방향으로 나아가는 수사적 상황을 토론의 상황과 비교하는 것은 그 자체만으로도 많은 깨달음을 준다. 특히 논증 방식과 논거 발견술 등 수사학의 현실적 기술들이 토론에 어떻게 접목될 수 있는지 가능성을 타진하였다.

제2부에서는 토론의 현실에서의 유연성에 주목하여 교양 교육과의 연계성을 다루었다. 특히 주어진 문제를 비판적으로 분석하고 그 분석을 토대로 합리적인 해결책을 찾을 수 있는 능력을 배양하고자 하는 토론과 교양 교육의 접촉점을 찾고자 했다. 또한 구체적 주제를 맥락성을 강조하여 해결해 나가며, 자신 만의 생각이 아닌 여러 사람과 협동하여 상호 보조적으로 학습해 나가는 토론의 특성을 교양 교육과 연계하는 데 주력하였다.

토론의 중요성이 더욱 절실해지고는 있지만 이에 상응하는 학문적 연구는 그리 활발하지 못하다. 특히 다른 학문과의 연계 가능성에 대한 논의는 전무한 상황이다. 이러한 상황에서 이 책이 작은 디딤돌 역할을 하지 않을까 하는 기대를 해본다.

/ CONTENTS /

제1부

토론과 수사학

제1장
토론과 수사학의 논증활동

1. 들어가는 말

  아리스토텔레스는 『정치학』에서 '인간은 정치적 동물'이며 '인간은 언어를 사용하는 유일한 동물'이라고 말한다.[1] 인간은 언어를 사용하는 이성적인 동물이며 이런 인간이 공동의 생활공간인 폴리스와 같은 정치공동체를 이루며 살아간다는 것을 의미하는 것이다. 인간이 정치적이라는 말은 인간이 공동체를 이루며 살아간다는 것을 의미한다. 공동체 속에서 인간은 저마다 자신의 의견을 개진하고, 때로는 언어를 포함하는 신호체계를 이용해 타인을 설득하여 행동에 영향을 미치며 살아간다. 공동체 내에서 중요한 것 중 하나는 바로 의사소통의 문제이다. 인간은 저마다 자신의 생각대로만 살아갈 수 없다. 그렇기 때문에 갈등의 상황이 발생한다. 갈등의 해결을 위해 때로는 타인의 의사를 존중할 필요도 있고, 때로는 타인을

---

1) Aristotle, *Politics*, trans by H. Rackham(Harvard University, 1959), 1, 2, 1253a1–15.

설득하거나 타인의 의견을 반박하거나 조율해야 할 필요도 있다. 이 가운데서 자신의 생각을 얼마나 논리적으로 설득력 있게 펼치느냐에 따라 의견이 존중되기도 하고 무시되기도 한다. 인간의 의사소통은 언어를 매개로 서로 정보와 사유 그리고 의미를 함께 나누는 행위이다. 의사소통은 일방적인 의사 전달과 이해과정이 아니라 상대와 더불어 토론이나 회의를 통해 협력적으로 의미를 구성하고 공유해가는 것이다.

토론(debate)은 민주사회의 근간이 되는 합리적 의사결정을 위한 최선의 수단이다. 정치, 경제, 사회의 제반 문제들에 대한 해결책을 찾기 위한 가장 과학적인 방법이기도 하다. 무엇보다 토론은 복잡한 이해관계로 얽혀 있는 양측의 갈등을 해소시켜 줄 수 있는 현실적인 의사소통 방식이다. 수사학은 말을 통해 감성적으로든 이성적으로든 설득을 일구어내는 기술이다. 의사소통 역시 말을 통해 이성적으로 확신을 시키거나 감성적으로 설득을 시키는 행위이다. 이런 관점에서 의사소통에 수사학적 시각을 조명할 필요가 있다.

본 논문은 의사소통을 위한 논증의 활동이라는 관점에서 토론과 수사학에 대해 살펴보고자 한다. 모든 사회는 그 사회에서 발생하는 문제들과 갈등에 대해 긍정과 부정의 입장이 공존할 수밖에 없다. 갈등의 상황에서 문제의 해결을 위해 반드시 토론은 필요하다. 토론을 통해 주어진 사안에 대해 논거를 가지고 주장을 펼치는 논증을 하며 설득을 해야 한다. 수사학의 목적 또한 설득이다. 수사학은 대화와 담론을 통해 개인과 공동체 사이의 갈등을 조정하고 설득할 수 있는 이성적 논증의 활동이라 할 수 있다. 그렇다면 토론과 수사학 사이의 공통분모가 있을 것이며 서로의 역할이 상보적일 수 있다. 그러므로 본 논문은 합리적 의사소통을 이루기 위한 논증활동으로서 토론과 수사학의 역할에 대해 살펴볼 것이다.2)

2. 토론이란 무엇인가?

어떤 사회이든 대립과 갈등은 존재한다. 대립과 갈등을 합리적인 해결과정을 통해 조정해 나갈 때 대립과 갈등은 사회발전의 원동력이 될 수 있다. 개인과 개인, 개인과 집단, 집단과 집단 사이에 존재하는 갈등을 조정하고 사회의 발전을 도모하는 데 있어 토론은 반드시 필요한 방법론이라 할 수 있다. 현대 사회가 토론이나 의사소통에 주목하는 이유가 바로 여기에 있다. 한 사회에서 갈등과 반목을 넘어 다양성을 수용하고 서로 다름을 인정하고 공존하며 타협하는 사회로 나아가기 위해 토론은 필수요소라 할 수 있다. 민주주의 사회에서 성숙한 시민이 가져야 할 합리적 의사소통을 위해 토론이 필요하다고 할 때 토론은 무엇을 의미하는지 먼저 정의를 살펴보도록 하자. 토론(討論)은 "말을 분석하다 혹은 쪼개다"(討)는 뜻과 "원

---

2) 제1장에서는 논증활동을 중심으로 토론과 수사학의 전반적인 관계를 살펴본다. 그리고 필자는 차후에 수사학의 관점에서 바라본 토론, 플라톤의 관점에서 바라 본 논증과 토론, 아리스토텔레스의 관점에서 바라 본 논증과 토론에 대해 연구할 예정이다. 차후 연구 과제를 통해 논증, 토론, 수사학의 관계에 대한 구체적인 논의가 이어질 것이다.

리에 따라 말을 하다"(論)는 뜻의 합성어이다. 즉 토론의 한자 의미는 '어떤 사안에 대해 말을 분석하고 원리에 따라 논의하는 것'이라 할 수 있다. 또한 토론의 라틴어 어원은 'debattuere'이다. '분리'를 의미하는 'de'와 '겨루다', '전쟁', '싸움'을 뜻하는 'battuere'의 합성어이다.3) 이 어원을 통해 영어의 'debate'가 파생되었다고 할 수 있다. 토론은 문제가 발생하고 갈등이 생겼을 때 '말을 통해 다툰다'는 의미에서 디베이트(debate)라고 할 수 있다. 정리해보면, 토론(debate)은 "어떤 문제에 대하여 여러 사람들이 다양한 생각이나 의견 등을 논쟁적으로 서로 나누어 그것에 대한 어떤 합의점이나 해결책을 모색해가는 의사소통 형식"이라 할 수 있다.

토론은 그리스와 로마에서 시작되었다. 고대 그리스 아테네에서 민회 토론, 법정 토론, 예식 토론에서 그 기원을 찾을 수 있다. 민회에서 미래에 시행되어야 할 정책의 유용성을 검토하기 위해 토론을 이용하였고, 법정에서는 과거에 있었던 사건을 중심으로 사건의 사실 관계를 밝힐 때 이용되었으며, 예식 토론에서는 신에 대한 찬사를 하거나 공동체의 관습과 가치에 대한 토론을 벌였다. 민주주의 정치체제를 채택하여 운영하던 아테네에서 정치, 경제, 사회의 많은 문제들과 사안들을 토론으로 결정했다. 로마는 그리스 문명을 계승하여 토론을 강조하였다. 로마에서 토론은 의회나 포럼(forum)이라는 공간에서 이루어졌다. 특히 기원후 1세기에는 아우구스투스

---

3) 이정옥, 『토론의 전략』(서울: 문학과 지성사, 2009), p.24.

황제 당시 퀸틸리아누스는 토론을 공교육에 편입시켰다.[4] 로마시대에는 공화정이 막을 내리고 전제정이 시작되면서 토론의 역할이 축소되었다. 전제정에서 축소된 토론의 역할은 종교의 권위가 지배했던 중세 시대에는 더욱 역할이 축소되었다. 하지만 르네상스와 더불어 다시 토론의 중요성이 대두되었고 사회 전반에 필요한 학문으로 인식되기에 이른다. 영국과 미국에서는 의회 토론과 타운 홀 미팅을 계기로 토론 문화가 발전하기 시작했으며, 이것은 민주주의 발전에 영향을 미쳤다. 미국에서는 현대 선거에 토론 방식을 도입하며 대통령 선거뿐만 아니라 아카데미 토론도 발전시켰으며 현재 우리나라에서도 대통령 선거에 도입되고 있다.

토론의 종류는 정책·가치·사실 토론이 있다. 토론의 종류에 따라 다양한 형식이 발전하였으며 토론 교육에 이용된다. 토론의 형식은 토론의 기본 구성요소인 입론, 질문, 반박을 어떻게 편성하느냐에 따라 형식의 차이를 보인다. 질의와 반박 중 어떤 것을 할 것인가, 질문과 반론을 한다면 얼마나 중점을 두어야 하느냐, 질의는 언제 하는가에 따라 형식의 차이를 보이며 각기 다른 특성을 가진다. 토론의 형식에 따라 교차조사 토론형식(CEDA), 링컨-더글러스, 의회 토론, 칼 포퍼 방식 등이 있다. 다소간에 형식적인 차이가 있더라도 모든 토론은 주어진 논제에 대해 긍정측(affirmative)과 부정측(negative)이 자

---

4) 퀸틸리아누스는 7자유학예(septem artes liberales) 중 언어적 능력과 관련된 3학과(trivium)인 문법, 논리학, 수사학을 확립함으로써 서구 교양 교육의 기초를 마련했다. 또한 수학적 능력과 관련된 4학과(quadrivium)는 산술학, 기하학, 천문학, 음악이다.

신의 주장을 뒷받침하는 논거를 통해 논증을 하는 활동으로 진행된다. 토론은 논쟁점에 대한 대척점을 가지고 양측의 치열한 공방전이 이루어진다. 긍정측은 현 상태(status quo)의 변화5)를 주장하고, 부정측은 현 상태의 유지를 주장한다. 긍정측 첫 번째 입론자는 현 상태의 변화를 추구하기 위해 현 상태의 문제점을 지적하는 '증명의 부담'6)을 져야 하며, 반대로 부정측은 긍정측의 주장에 대해 반박하지 않는다면 긍정측의 주장에 동의를 의미하게 되므로 '반박의 부담'7)을 갖는다.

이러한 토론 진행과정에서 가장 중요한 것은 토론자에게 논증의 능력이 요구된다는 점이다. 왜냐하면 토론은 주어진 논제에 대해 다른 입장을 가진 사람들이 서로 자신의 논거와 주장을 바탕으로 논증활동을 펼쳐야 하기 때문이다. 토론자는 논증을 통해 자신의 주장을 상대방에게 설득해야 한다. 아무런 근거 없이 자신의 주장만 되풀이해서는 안 되며, 제시한 근거의 타당성이나 신뢰성이 떨어져서도 안 된다. 이를 위해서는 끊임없이 자신의 주장과 근거를 검토해야 한다. 또한 토론은 상대방의 주장이 가진 논리적 오류를 지적하여 설득력이 없음을 입증해야 한다. 그런데 많은 토론자들이 상대방의 주장에 대한 철저한 분석과 반박보다는 자신의 주장만 되풀이하

---

5) 이상철 외 2인, 『스피치와 토론』(서울: 성균관대학교 출판부 2009), p.24.

6) 긍정측은 현 상황이 가지고 있는 문제와 그 이유, 그리고 변화의 이유와 필요성 등을 증명해야 할 의무를 안고 있다. 토론에서 긍정측이 먼저 나서 현재 상황에 대해 문제를 제기하고 현 상황이 문제가 있음을 증명해야 하기 때문에 증명의 부담이라고 한다.

7) 부정측은 긍정측이 제기한 발언을 토대로 현 상황이 문제가 있을 수 있지만 제도를 고치거나 변화를 시도해야 할 만큼 심각하지 않다는 것을 반론해야 한다. 긍정측이 내세운 증명에 대해 설득력이 없거나 타당하지 않다는 것을 반론해야 하므로 반박의 부담이라고 한다.

는 경향이 있다. 그 이유는 토론에 필요한 논증의 능력의 부재 때문이다. 논증은 토론에 가장 중요한 요소이며 대척점에 서 있는 사람들 사이의 의사소통이나 협상 그리고 설득을 위해 반드시 필요한 능력이라 할 수 있다. 이런 측면에서 토론자에 게 필요한 논증의 능력은 무엇인지 검토할 필요가 있다.

3. 토론에서 논증의 역할

1) 논증이란 무엇인가?

한 사회에 어떤 문제가 발생할 때, 그 문제를 바라보는 관점 이나 해결 방안이 서로 다르기 때문에 갈등이 생길 수밖에 없 다. 토론이 한 사회에서 발생하는 갈등을 해결할 수 있는 합리 적인 의사소통의 활동이라고 한다면, 이 해결을 위해 논증은 필수적이다. 논증은 상대방을 설득하는 과정에서 자신의 주장 을 정당화하기 위해 논거와 증거에 기반을 두는 활동이다. 논 증이란 한 사회에서 어떤 주장에 대해 근거를 제시하며 상대 방을 설득하거나 동의를 얻어내는 언어활동이다. 논증활동에 서 자신의 주장이나 판단을 정당화하기 위해 표현과 전달이라 는 언어활동이 중요하며, 제시하는 논거 또한 보편성을 가지 고 있어야 한다. 더 나아가 주장을 하는 사람과 대화 상대자 사이에 언어를 매개로 하는 소통행위이기 때문에 사회적 차원의 행위도 중요성을 가진다. 이런 활동을 통해 논증의 궁극적인 목적은 상대방을 설득하고 내 주장에 동의하는 지지자를 만드는 데 있다. 즉 논증의 가장 중요한 목표는 화자가 말하는 바를 청자가 이해하고 수용하도록 하는 데 있는 것이다. 토론에서 합리적인 의사소통과 설득을 이루기 위해서 논증이 필요하다면, 올바른 논증 활동이 이루어져야 한다.

논증의 최소 단위는 낱말이다. 낱말과 낱말이 모여 명제를 구성하고, 명제와 명제가 모여 논증을 구성한다. 논증은 논거와 주장으로 이루어진다. 주장은 자신이 궁극적으로 말하고자 하는 바를 의미하고, 논거는 그 주장을 지지해 주는 이유나 증거의 역할을 한다. 토론이 일상어로 진행이 되는 것처럼, 논증 역시 일상어로 이루어진다는 의미에서 언어 행위이며 상대방을 지향한다는 의미에서 상호작용이라 할 수 있다. 토론에서 논증은 특정의 논제에 대한 자신의 특수한 입장을 논거로부터 도출해내는 것이다. 토론에서 논증은 토론자의 입장을 정당화하거나 상대방의 입장에 대해 반박하는 기능을 담당한다. 자신의 입장을 정당화할 때는 청자가 화자의 주장의 수용 가능성을 높이고, 반박할 때는 상대방 주장의 오류를 지적함으로써 수용 가능성을 낮추어야 한다.

논증의 전제 또는 논증의 시작은 갈등이라 할 수 있다. 여기서 갈등이란 개인적인 의견의 불일치뿐만 아니라 이제까지 자신이 믿어왔던 신념들에 대한 의문이 제기되는 사회적 차원의 갈등을 포함한다. 예를 들어 "호주제를 폐지해야 한다"는 논제(resolution)가 설정될 경우, 논제에 대해 두 가지 대척점이 성립된다. 현 상태를 바꾸려고 주장하는 쪽이 긍정측이 되어 입장을 개진한다. 긍정측은 어떤 식으로든 현존하는 상황의 변화를 목표로 한다. 이에 반해 현 상태를 그대로 유지[8]하려는 쪽이 부정측이 되어 서로의 입장 간에 갈등이 성립된다. 한 사회의 제도나 규율의 변화는 사회 구성원들 간의 동의나 합의가 있어야 한다. 이러한 동의와 합의를 도출하기 위해 구성원 사이의 의사소통은 필수적인 것이다. 여기서 논증은 시작되어야 한다. 논증은 상호 간의 입장과 시각의 차이를 해결하기 위한 과정이 되어야 한다. 상대방에게 자신의 주장을 펼치는 데 있어 논거를 제시하는 데 초점이 맞추어진다. 이 과정은 자신의 주장이나 신념이 왜 타당한가에 대한 논거가 제시될 때 주장의 정당성이 증명되는 것이다.

또한 논증은 자신의 주장만을 일방적으로 개진하는 것이 아니라 대화 상대자 사이의 상호작용이 전제되어야 한다. 여기서 상호작용이란 화자가 청자에게 태도나 행위의 변화를 목적으로 메시지, 즉 주장을 전달하는 사회적 과정이라 할 수 있다.[9] 논증의 상호작용은 한 사회를 유지하고 존재하게 하는 도구일 뿐만 아니라 사회 구성원들의 관계의 원형이라 할 수 있다. 논증은 개인과 개인뿐만 아니라 집단과 집단 사이의 생

---

8) 현 상태를 선호하는 경향을 추정의 원칙이라 한다. 많은 사람들이 어떤 상황이나 제도에 대해 명확하게 반대할만한 증거가 제시되기 전까지는 현재의 상황이나 제도를 선호하려는 경향이 있다는 것을 전제한다.

9) 조종혁, 『커뮤니케이션학』(서울: 세영사, 1999), p.31.

각이나 사상에 영향을 미치고 정보를 교환할 수 있게 해준다. 이때 화자는 언어를 통해 논증 활동으로 상대방을 설득해야 하며, 강요해서는 안 된다. 논증에서 언어활동이 강조되는 이유는 설득이 폭력이나 물리적인 힘 등을 동원한 강제적인 설득과는 구별되기 때문이다. 언어를 통해 설득을 일구어내기 위해 청자를 고려해야 한다. 청자는 자신의 주장의 정당성을 보이기 위해 논증을 펼치지만 결국 청자와의 소통을 이루어야 한다면 청자를 언제나 고려해야 한다. 또한 청자는 주장의 수용자의 입장에서 귀를 기울이는 자세를 취해야 한다. 청자는 상대방의 주장을 무조건 잘못되었다고 생각하는 시각을 지양하고 상대방의 주장을 통해 내 주장을 검토하고 교정해 보려는 열린 시각을 가지고 들어야 한다. 정리하자면 논증에서 상호작용의 핵심은 주장을 개진하는 화자는 청자의 마음을 움직이고 동의를 유도하려는 데 집중하며 청자는 논증자의 논증을 판단하는 데 집중하는 것이라 할 수 있다.

2) 논증과 수사학

토론이 갈등을 전제하고 있는 것처럼, 논증 역시 갈등을 전제로 한다. 하나의 사안에 대해 서로 의견이 일치하지 못하고 대립하고 있는 상황을 갈등이라고 할 수 있다. 이러한 갈등의 상황은 지속적으로 유지되어서는 안 되기 때문에 논증을 통해 갈등의 해결을 이루어야 한다. 이런 갈등의 상태를 수사학적 관점에서 본다면

'수사적 상황'이라 할 수 있다. 토론의 전제가 갈등이라면 수사학의 전제 역시 누군가를 설득해야 하는 상황 또는 의견이 불일치하는 갈등의 상황에서 의사소통을 이루는 것이다. 수사학은 화자가 음성적 또는 비음성적 언어를 통해 생각이나 의견을 나와 달리하는 청자에게 전달하여 상대방에게 믿음을 불러일으키거나 내 생각에 동의하게 하는 행위를 포함한다. 화자가 청자를 고려하여 설득해야 하는 상황을 '수사적 상황'이라 할 수 있다. 화자의 생각에 청자가 수용할 수 있도록 설득을 해야 한다.

아리스토텔레스에게 수사학은 인간들 사이에서 설득과 소통이라는 목표를 이루기 위해 필요한 수단을 발견할 수 있도록 안내하는 능력이며 학문체계라 할 수 있다. 아리스토텔레스는 수사학의 학문적인 위상을 정초하기 위한 정의를 내린다. 수사학이 변증론과 밀접하게 관계가 있다고 역설한다. 두 학문의 유사성을 드러내기 위해 수사학은 변증론의 '상대항'[10])으로 그리고 변증론의 '부산물'[11])로 그리고 최종적으로 변증론의 "일부이며 닮았다"[12])고 말한다.

수사학과 변증론의 유사점을 살펴보면 다음과 같다.

(1) 수사학과 변증론은 특정한 과학의 목적이 아니면서 고유한 주제에 속하지 않는 것들과 관계된다.
(2) 수사학과 변증론은 통념(endoxa)에 의지한다.
(3) 수사학과 변증론은 동일한 연역과 귀납의 이론에 의지한다.

---

10) Aristotle, *Aristotle on Rhetoric*, trans. by George Kennedy (Oxford, 1991), Ⅰ, 1354a1.

11) *Ibid.*, Ⅰ, 1356a25.

12) *Ibid.*, Ⅰ, 1356a30.

(4) 수사학과 변증론은 말터들(topoi)을 이용한다.

수사학과 변증론의 유사성을 통해 드러난 사실은 수사학이 고유한 주제를 가지지 않는다는 점과 통념(endoxa)에 의지한다는 것이다. 수사적 논증은 변증법적 추론과 유사하게 통념으로부터 시작하고 대화로 이루어진다. 대화로 이루어진다는 것은 하나의 주장이 논증을 통해 개진되었고, 이에 대한 반박의 여지가 있다는 것을 의미한다. 이것은 수사학과 변증법이 많은 사람들 사이에서 통용되고 있는 일상적인 논증이라는 것[13]을 의미한다. 일상적인 논증은 '필연적인 것'에 대한 논증이라기보다는 '다른 방식으로 있을 수 있는 것'[14] 또는 '그럴 듯한 것'[15]들, 우리 일상생활에서 일어나는 일과 관련된 논증이다. 이런 의미에서 수사적 논증은 '통념'에 의지한다. '통념'은 일반적인 사람들 사이의 '속견' 또는 '의견'이다. 많은 사람들은 판단하고 결정할 때 자신이 가지고 있는 통념에 유사한 것에 영향을 받는다. 통념에 익숙한 사람들에게 과학적 논증 방식 못지않게 수사적 논증도 효력을 가질 수 있다. 토론에서도 논증에 대한 반론의 여지가 있는 것처럼, 수사적 논증에서도 반박을 받을 여지가 있고 자신의 주장이 무력화될 수 있는 것은 마찬가지이다. 그러므로 수사적 논증에서도 반론에 맞설 수 있기 위해서는 올바른 수사적 논증이 필요하다.

---

13) *Ibid.*, 1354a1-11.

14) *Ibid.*, 1357a13-15.

15) *Ibid.*, 1357a34.

수사학이 변증론과 유사성이 있다는 것은 학으로써 동일한 학적 지위를 가진다는 것을 의미한다. 플라톤은 『고르기아스』에서 수사학은 기술(techne)이 될 수 없다고 주장한다.16) 왜냐하면 진짜 기술들은 그들의 특정한 주제들에 의해 규정되지만, 수사학은 명확한 주제와 관계되지 않기 때문이다. 예를 들어, 의술과 구두 만들기는 건강과 신발로써 그들의 생산물에 의해 규정된다. 그러나 변증론이 고유한 주제를 갖지 못하였다 하더라고, 그것이 조직적 방법에 의지한다는 것을 이해하는 것은 어렵지 않다. 왜냐하면 변증론은 어떤 주장이 타당하며, 다른 주장은 타당하지 못한지에 대한 이유를 이해해야만 하기 때문이다. 이런 의미로 수사학이 변증론의 상대항이라는 말은 변증론이 수사학에 기술의 자격을 부여하는 것을 말한다. 그렇지만 공공의 장소에서 청중들을 대상으로 말터들을 이용하며 이루어지는 설득은 두 영역 사이의 차이점의 원인이 되기도 한다. 두 영역 사이의 차이점은 다음과 같은 것들을 들 수 있다.

(1) 변증론은 모든 사안에 적용될 수 있지만, 수사학은 공적으로 구체적인 사안들에 적용된다.17)
(2) 변증론은 질문과 대답으로 진행되지만 수사학은 계속되는 연설을 통해 설득이 진행된다.
(3) 변증론은 논증과 증명된 사실을 이용하고 수사학은 대중적인 의견을 겨냥한다.

---

16) Plato, *Gorgias*, trans by Terence Irwin (New York, 1982), 462b2-462d8.
17) 예를 들면, 변증론은 "세상은 영원한가?"라는 물음과 같은 문제를 다루는가 하면 수사학은 살인 사건과 같은 구체적인 사건을 다룬다.

변증론은 연역법과 귀납법 같은 논리적 증명 방식으로 철학적 인식을 추구하지만 수사학은 법정 연설, 정치 연설 그리고 의식 연설처럼 실용적인 목적에 봉사하는 도구이다. 또한 변증론은 질문과 대답으로 구성되어 있고 2명의 대화 상대자 간의 대화와 토론으로 인식에 이르게 된다. 그러나 수사학은 대중을 향한 연설을 작성하고 실행하는 데 이용되는데, 이 실행에 있어서 한 명의 연설가가 많은 청중을 대상으로 설득을 위한 여러 가지 표현 방식으로 연설을 한다.

변증론과 수사학은 유사점과 차이점이 있지만 수사학이 변증론의 일부임을 말하는 과정을 통해 수사학이 학문으로 정초된다. 더 나아가 어느 학문이든지 공격이나 방어를 위한 논점의 증명은 공통적인 것이므로 모든 학문이 수사학과 변증론에 관계하고 있음이 밝혀진다. 즉 수사학과 변증론은 모든 학문에 관계되는 갖가지 논변들과 관련된 것이다.

아리스토텔레스에 이르러서 변증론과의 관련 속에서 수사학이 학문으로 정초 된다. 아리스토텔레스에 의하면 수사학은 "모든 주어진 상황 속에서 설득적인 요소를 발견하는 능력"[18]이다. 이것은 모든 주어진 상황에서 진리를 설득할 수 있는 요소를 발견할 수 있는 능력과 관계된다고 볼 수 있다. 그리고 이런 수사학은 변증론의 '상대항'이며 '부산물'이며 '일부'라고 한다.

---

18) *Ibid.*, I, 2, 1356a1-6.

4. 설득의 수단과 수사추론

1) 설득의 수단

아리스토텔레스는 설득의 수단을 기술적인 수단(pisteis entechnoi)과 기술적이지 않은 수단(pisteis atechnoi)으로 구분한다. 기술적인 수단은 구체적인 사안에서 연설자 자신이 강구해야 하는 수단이며 연설을 통해 만들어지는 수단이다. 이 기술적인 수단에는 로고스(logos), 에토스(ethos), 파토스(pathos)가 있다. 기술적이지 않은 수단은 연설가의 수중에 있을 수도 있고 있지 않을 수도 있는 수단으로 법률, 증언, 계약 등이 이에 속한다. 아리스토텔레스의 수사학은 기술적인 수단에 대한 지침을 제공하고 있다.

아리스토텔레스의 기술적 수단, 즉 수사적 설득의 요소에 대해 살펴보자. 아리스토텔레스에게 설득을 위한 대중 연설은 세 가지로 요소로 구성된다. 논증을 구성하는 연설자와 설득의 대상인 청자, 그리고 논증이 담겨 있는 연설문이다. 그리고 연설에서 나타나는 믿음에 영향을 미치는 설득의 수단들이 세 가지가 있는데, 첫째는 연설자의 인품에서 나오는 것(ethos)이고, 두 번째는 청중의 감정의 상태(pathos)이고, 마지막은 수사적 논증자체(logos)라 할 수 있다.[19] 에토스는 연설을 하는 사람의 성품과 관계된 것이다. 여기서 성품이란 한 사람이 한 사

---

19) *Ibid.*, Ⅰ, 2, 1356a1-6.

회에서 오랜 세월 살면서 쌓아 온 정서, 생활 습관, 나이, 사회적 지위 등 삶의 전반에 관여한다. 연설가가 청중들에게 신뢰감을 주고 설득력을 높이기 위해서 연설가에게 필요한 자질로서 특히 신중함, 덕, 호의와 같은 성품이 요구된다. 연설자의 인품은 의심은 되지만 정확한 지식이 없는 경우 특히 중요하다. 연설가가 신뢰할 수 있는 사람이라면 청중은 그 진술을 더 쉽고 더 빠르게 받아들일 수 있을 것이다. 그렇다면 연설가는 어떻게 신뢰할만한 사람처럼 보일 수 있는가? 그것은 실천적 지성, 덕스러운 성품, 그리고 선한 의도로 가능하다. 만일 연설가가 이러한 것들을 조금도 나타내지 못했다면, 청중은 그가 모든 것에 대해 좋은 충고를 줄 수 있다는 것을 의심할 수밖에 없다. 그러나 이와 반대로 연설가가 이러한 것들을 나타낼 수 있다면 그의 제언이 신뢰할 만하다는 것은 합리적으로 의심의 여지가 없는 것이다. 설득이 말의 표현이나 전달에만 의존하는 것이 아니라 화자의 삶에서 묻어난 성품이 화자의 신뢰성을 높여 청자를 설득하는 데 일조한다는 것이다. 이것은 화자의 삶에 대한 신뢰를 바탕으로 설득이 이루어지는 것이다.

파토스는 청중들의 감정의 총체라 할 수 있다. 파토스는 연설가의 연설을 들을 때 청중들 사이에서 유발되는 감정적이고 정서적인 반응으로 분노와 온화라든지 증오, 용기와 공포, 연민과 분노 등과 같은 감정적인 요소들을 의미한다. 설득을 위한 노력은 청중의 감정적 경향에 의존한다. 왜냐하면 우리가 슬플 때나 즐거울 때 혹은 우호적일 때나 적대적일 때 같은 방식으로 판단하지 않기 때문이다. 따라서 연설가는 감정을 불러일으켜야만 한다. 왜냐하면 감정은 판단을 만들 수 있는 힘이 있기 때문이다. 우호적인 분위기에 있는 재판관은 그가 판결하려는 자에 대해 그가 악을 행할 것으로 보이지는 않는다. 그러나 반대의 경우라면 같은 사람이 정반대의 행위를 할 것으로 보일 것이다.[20] 연설가가 청중들의 감정을 일으키기 위해서는 주제에서 벗어난 것을 말해서는 안 된다. 그러나 이 두 가지 요소는 플라톤에게 있어서 진리나 사실을 왜곡시킬 수 있는 요소들이므로 배척되었다. 플라톤의 시각에서 에토스와 파토스는 '진리'의 범주에 속하는 것이 아니라 오히려 '의견'에 속하는 것이기 때문에 진정한 설득의 요소가 될 수 없다. 아리스토텔레스는 에토스와 파토스의 개념을 적극적으로 도입하고 체계화하여 설득을 위한 중요한 요소로 자리매김하였다.

세 번째 요소는 로고스와 관계가 있다. 어떤 것이 사실임을 증명할 때는 논증 그 자체를 통해 설득한다. 아리스토텔레스에게 논증은 귀납법(epagoge)과 연역법(syllogismos) 두 가지가 있다. 귀납법은 개별자에서 보편자로의 진행하는 것을 말하며 연역법은 가정으로부터 다른 어떤 것이 그것들을 통해서 필연적으로 일어나는 논증이다.[21] 수사학에서 귀납적인 논증

---

20) *Ibid.*, 2, 1, 1378a1ff.

21) Aristotle, *Prior Analytics*, trans by Hugh Tredennick (Cambridge, 1949), I, 1, 71a5ff.

은 예증(paradeigma)이고, 연역적인 논증은 수사적 삼단논법인 수사추론(enthymema)이다. 아리스토텔레스에게 수사추론은 공중 연설의 영역에서 증명이나 논증의 기능을 가진다. 그러므로 아리스토텔레스는 수사추론을 논증에서 "가장 강력한 것"[22]이라고 부른다. 그 외의 모든 것들은 단지 덧붙여진 것이나 설득의 과정에서 우연적인 것임을 뜻한다고 볼 수 있다.

아리스토텔레스 수사학의 목표는 단순한 설득을 제공하는 것이 아닌 어떠한 논증에라도 적합한 설득의 수단을 제공하는 것에 있다. 그리고 이 수단들은 세 가지 요소, 즉 연설가의 에토스, 청중의 파토스, 그리고 논증 자체인 로고스를 찾아내는 방향으로 향하게 된다. 수사학은 대중을 상대한다는 점에 주목할 필요가 있다. 대중은 배우지 못한 자들이 섞여 있으므로 논증의 긴 과정을 따라오기가 매우 힘들다. 그리고 수사적 장소의 목표는 변증법처럼 진리 추구의 문제가 아닌 설득의 문제이므로 그때그때 다양한 방법이 요구된다. 이것을 위해 아리스토텔레스는 수사적 논증뿐 아니라 연설가를 신뢰성 있게 보이는 방법과 청중을 의도하는 감정으로 바꾸는 방법들을 분석하여 학문으로 가치가 있는 수사학을 나타내고 있다.

그렇다면 아리스토텔레스는 에토스와 파토스, 로고스에 똑같은 중요성을 두는 것인가? 그의 『수사학』을 보면 그렇지 않다. 여러 가지 현실적 상황에 처하는 연설가는 에토스와 파토스를 활용해야 하는 입장이지만 정작 가장 중요한 것은 논증

---

22) Aristotle(1991), Ⅰ, 1355a5.

자체에서 오는 증명이다. 『수사학』 첫머리에도 보면 증명하는 성격의 설득 수단에 우월한 지위를 부여하는 것을 볼 수 있다.[23) 아리스토텔레스의 입장은 수사학에는 세 가지 설득 수단이 있는데 그중 로고스적 측면에서 수사추론(enthymema)만이 좁은 의미의 설득 수단이라는 것이다.[24)

2) 수사추론

아리스토텔레스의 수사학에서 수사추론(enthymema)은 연설의 영역에서 증명과 논증의 기능을 담당한다. 왜냐하면 논증(apodeixis)은 추론(syllogismos)의 부류이고, 수사추론(enthymema) 역시 추론으로 불리기 때문이다. 수사추론(enthymema)이라는 단어는 재치 있는 말솜씨, 좋은 명언, 패러독스와 모순을 포함하는 간결한 논증을 나타내는 것이었다. 논증과 추론의 개념은 아리스토텔레스의 논리적, 변증법적 이론에서 결정적인 역할을 한다. 아리스토텔레스는 그 개념들을 수사적 기술들을 나타내는 수사학의 용어로 이용했다. 아리스토텔레스는 수사추론(enthymema)을 '설득의 몸통'으로 여긴다.[25) 그 외의 모든 것들은 설득적 진행의 핵심에 덧붙여진 것이나 우연적인 것임을 함축하고 있다. 수사학적 설득 수단 중에서 증명이나 논증이 가장 중요한 이유는 대부분의 사람들은 증명되거나 논증되었다고 생각할

---

23) *Ibid*, Ⅰ, 1335a4-7.
24) 한석환, 「아리스토텔레스 수사학의 철학적 기초」(『철학』 74집, 2003), p.46.
25) Aristotle(1991), Ⅰ, 1354a15.

때 설득되기 때문이다. 또한 수사추론의 구조는 원래 동의된 의견, 다시 말해 통념(endoxa)들로부터 추론하는 방식이다. 물론 연설가에 의해 일반적으로 동의되지 않은 의견을 사용하는 것 또한 가능하다. 그러나 보통은 통념들로부터 도출될 수 있다. 변증법은 필연적인 전제를 사용하지만 수사학은 개연적인 전제를 사용한다. 이것을 통해 수사학은 '추론'에는 속하는 것이지만 변증법에 예속되는 것은 아니며 변증법과 구분된다.

아리스토텔레스에게 논증의 근거가 통념이라면 논증의 형식은 귀납법(epagoge)과 추론(syllogismos)[26]이다. 귀납법은 개별자에서 보편자로 진행되는 것으로 정의된다.[27] 추론은 행하는 어떤 것에서 추측과 가정을 통해 다른 어떤 것이 필연적으로 일어나는 논증이다.[28] 일반적으로 아리스토텔레스는 문장의 형식을 통해 하나는 전제가 되고, 하나는 결론이 되는 연역적 논증을 중시한다. 그리고 전제로부터 도출한 결론인 추론은 전제에 의해서 보증된다.

일반적으로 연역법과 귀납법은 실로기스모스(syllogismos)와 에파고게(epagoge)로 불린다. 여기서 말하는 실로기스모스는 '엄밀한 연역적 추론'이라는 좁은 의미가 아니라 넓은 의미의 전제로부터 결론을 도출해내는 것을 의미하는 '추론'을 말한다. 이런 넓은 의미를 생각해 볼 때 에파고게도 '귀납법'보다는 '귀납법적인 것'에 가깝다. 수사학에서 귀납적인 논증은

---

26) Aristotle(1949), 71a5.

27) *Ibid.*, 105a13.

28) Aristotle(1949), 24b18-20.

실례(paradeigma)이다. 다른 귀납적 논증에 대립되는 것으로 그것은 많은 개별적 사건들에서 하나의 보편적 사건으로 진행하지 않는다. 각각의 개별자들이 같은 종류 아래 분류되면 하나의 개별자들이 비슷한 개별자로 진행될 뿐이다. 추론에 대해 살펴보면, 수사학에서 추론은 수사추론(enthymema)이다. 적절한 의미의 수사추론은 추론의 형식이 되는 것으로 기대된다. 그렇기 때문에 수사추론의 형식을 위한 최소한의 필요조건은 추론의 기본적 형식인 전제-결론의 형식이다. 이것은 수사추론이 주어진 진술을 위한 논거의 종류뿐만 아니라 진술도 포함해야만 하는 이유이다.

그러나 수사추론(enthymema)은 형식적으로 정확한 것이어야만 하는 것은 아니며, 보통의 변증적 논증보다 훨씬 짧아야 된다. 그러나 이것이 수사추론이 불완전성과 간결성에 의해 정의된다는 것을 말하는 것은 아니다.[29] 그보다는 전제의 내용과 숫자가 청중의 지적 능력으로 조정된다는 것을 말하는 것이다. 이런 의미에서 아리스토텔레스는 수사추론이 종종 변증법적 추론보다 적거나 혹은 아주 적은 전제를 가진다고 말한다. 수사추론 전제가 없거나 적은 전제를 갖는다는 것은 연설가가 할 수 있는 두 가지 실수의 가능성을 배제시킬 수 있다. 연설가는 변증법적 추론의 방식으로 결론을 이끌어 낼 수도 있고, 아예 그런 것을 무시하고 결론을 이끌어 낼 수도 있다. 그런데 후자의 방식은 설득적인 것이 아니다. 왜냐하면 전제들이 동의되지 않았거나 혹은 그들이 받아들

29) M. F. Burnyeat, "Enthymeme—Aristotle on the Rationality of Rhetoric", *Essays on Aristotle's Rhetoric*, ed., Amelie Oksenberg Rorty (Berkeley: University of California Press, 1996), p.91.

여지는 과정이 없기 때문이다. 전자의 방식은 역시 문제가 있는데 연설가가 또 다른 변증법적 추론의 방식에 의해 필요한 전제들을 이끌어야만 한다면 연설가는 결국에는 삼단논법으로 이끌어야 할 것이기 때문이다. 몇 개의 삼단논법 단계들의 논증들은 변증적 실행에서는 일반적인 것이지만 연설가는 그러한 긴 논증들을 따르는 공공 연설의 청중을 기대할 수는 없다. 이것이 아리스토텔레스가 수사추론(enthymema)을 논할 때 최소한의 전제들로부터 와야 한다고 말한 이유이다.

이와 같이 아리스토텔레스가 생각한 수사학의 로고스적 수단은 단순히 변증법적 추론을 사용하는 것이 아니다. 수사학에서의 로고스는 변증법의 흉내 내기가 아닌 수사적 상황에 맞는 고유한 논증 방식이다. 아리스토텔레스의 수사학에 대한 가장 큰 공헌은 바로 변증법적 추론과 수사적 추론을 분리해 낸 것이라 할 수 있다. 수사학이 변증법의 '상대항'이 되는 이유가 다른 데 있지 않고 로고스에, 특히 수사적 추론에 있기 때문이다.

3) 토론과 수사학

앞서 살펴본 것처럼, 한 사회가 어떤 문제에 봉착해서 갈등이 생겼을 때 갈등을 해소하고 조정할 수 있는 의사소통이 토론이라고 한다면 이러한 토론의 중심은 논증 활동이다. 논증 활동의 목표는 어떤 주장, 신념, 가치 등의 정당화를 뒷받침하는 논거를 제시하고 설득을 이루는 것이다. 논증을 펼치는 이유가 상대방이나 청자를 설득하는 데 있다면 이것은 논증활동이 청자 지향적이라는 것을 의미한다. 이러한 청자 지향적 의사소통을 가장 잘 대변해 주는 것이 수사학이라 할 수 있다. 수사학은 논증에 입각해서 청자 또는 심판자를 설득하는 기술이다. 수사학은 언어를 매개로 하여 화자와 청중 또는 대화 당사자 간의 지식, 신념 또는 정보의 공유로 가치와 태도의 변화를 유발시키고 행동으로 옮기게 하는 설득의 힘을 가진다. 이것은 수사학 역시 청자 지향적인 의사소통 수단이라는 것을 의미한다. 또한 토론의 쟁점이 되는 사안들이 사적이든 공적이든 인간의 행위와 실천의 문제에 관여하는 것처럼 수사학이한 사회 안에서 발생하는 일들에 대해 설득을 하는 한, 수사학은 과학적 필연성과 확실성의 문제에 관여하는 것이 아니라 얼마든지 다른 관점이나 생각을 가질 수 있는 개연성 있는 문제들에 관여한다.30) 여기서 '개연적'이라는 의미는 '절대적으로 일어나는 것'이 아니라 '많은 경우에 일어나는 것'을 의미한다.

수사학은 바로 이런 개연성에 입각한 논증의 기술이다. 개연성에 입각해 있기 때문에 언제든 반박의 가능성을 안고 있고 동시에 설득력을 가지고 있다. 그러므로 수사학의 논증은 언제나 개연성이 높은 '통념'(endoxa)을 전제로 한다. 통념이란 '모든 사람에게 혹은 대다수의 사람에게 혹은 현인들에게,

---

30) Aristotle(1991), Ⅰ, 2, 1357a1-7.

요컨대 그들 모두에게 혹은 그 대다수에게, 혹은 가장 유명하다고 평판이 나 있는 사람들에게 그러하다고 받아들여질 수 있는 것들'31)이다. 이 정의에 따르면 통념은 진리는 아니지만 진리와 닮은 것이며 많은 사람에 의해 받아들여지므로 권위를 가진다. 수사추론(enthymema)이 개연성이 높은 통념을 전제로 하기 때문에 논리적 타당성을 얻기 위해서는 일정한 추론의 형식을 갖추어야 한다. 아리스토텔레스는 이 수사추론을 청중을 설득하기 위한 연설에 적용시켰고, 연설에서 청중을 설득하기 위한 논증 또는 입증의 방식으로 부른다. 이 수사추론이 '필연적인 것'을 전제로 하는 것이 아니라 '대체로 또는 많은 경우를' 전제로 하기 때문에 대중적인 상식을 전제로 출발하는 추론이라는 의미를 가진다. 하나의 주제 또는 사안을 필연적으로 참인 명제를 전제로 해서 다루는 것이 아니라 대중을 설득하기 위해 개연성이 높은 상식적인 지식이나 전제에서 출발하여32) 다루는 대중의 상식의 선을 넘지 않는 점이 특징이다. 수사추론이 본질적으로 개연성이 높은 전제로부터 출발한다는 것은 대중이 쉽게 이해할 수 있고 신뢰할 수 있을만한 구체적인 증거들을 통해 이루어진 추론이라는 것을 보여준다. 그리고 수사추론이 대중의 상식을 전제로 하기 때문에 너무 길게 만연되어서도 안 되고 모호하게 되거나 지루해서는 입증을 통한 신뢰를 청자들에게 줄 수 없다는 것을 의미하기도 한

---

31) 아리스토텔레스,『변증론』, 김재홍 역(서울: 까치글방, 1998), p.16.

32) Aristotle(1949), Ⅱ, 16, 65a35-38.

다. 이것은 토론의 논증과정과 맥을 같이 한다. 토론의 논증 역시 주장을 뒷받침하는 논거의 활용이 중요한데, 논거가 많은 사람이 알고 있는 경험적이거나 구체적인 사례들을 통해 이루어진다면 더 설득력을 높일 수 있다. 토론이 단순히 주장의 교환으로만 이루어지는 것이 아니라 화자가 말하고자 하는 결론인 주장과 그 주장을 뒷받침하는 전제들의 제시 그리고 논거가 주장을 뒷받침하는 정당한 이유를 제시하는 것으로 논증을 구성해야 한다.

마찬가지로 수사학 역시 연설의 주제와 관련하여 어떤 내용을 어떻게 구성하며 어떻게 표현해야 하는지는 매우 중요한 연설가의 과제이자 임무이다. '자신이 무엇을 말할 것인가'를 다루는 것은 '착상(inventio)' 또는 '발견'의 단계이다.[33] 착상의 단계에서는 자신의 주제에 대한 다양한 논거를 찾아내고 설정하여 청자들의 감정과 이성에 호소하게 된다. 그러므로 착상은 논증을 하기 위해 먼저 선행되어야 하는 첫 과정이라 할 수 있다. 착상이 이루어진 후 논거의 배열(dispositio)이라는 단계를 거친다. 논거의 배열의 단계부터는 자신이 정한 주제를 '어떻게 말할 것인가'의 문제와 관련이 있다[34]. 논거의 배열은 화자의 논증을 청자가 수용할 수 있도록 주제를 돋보이게 하고 논증의 신빙성을 줄 수 있도록 논거를 나열하는 과정이다. 즉 자신이 말해야 할 것들을 연설의 어느 부분에 위치시

33) Aristotle(1991), Ⅱ, 26, 1403a32-b3.
34) Ibid., Ⅲ, 1, 1403b15-18.

킬 것인가를 정하여 적절한 위치와 순서를 배정하는 기술이다. 이러한 논거의 배열이 이후 다양한 언어적 표현(elocutio)을 단계를 거치며 주제가 더 명확하게 드러난다. 수사학의 표현은 주로 문체론으로 주제를 다루는 문체의 범주와 표현 양식에 따라 다양하게 드러난다. 표현의 단계에서는 착상을 통해 제시된 내용에 적절한 말과 문장으로 표현하는 기술이라는 점에서 연설의 '형식'의 역할을 담당한다. 그다음으로 연설의 주제를 암기하는 기억(memoria)의 과정과 음성, 몸짓, 표정과 같이 발표의 과정으로 연기(actio)를 거치며 설득효과를 극대화시킨다.

수사학에서 이런 논증의 구성을 하는 것은 자신의 연설의 주제에 대해 확신을 심어주거나 신뢰를 심어주기 위한 것이다. 여기서 신뢰(pistis)는 입증을 의미하기도 한다. 입증은 자신의 주장을 청자와 다른 사람들이 동의할 수 있도록 하는 설득의 행위이다. 설득을 위해서 입증은 필수적이다. 입증은 수사학이나 토론 모두에서 가장 중요한 개념이라 할 수 있다. 그런데 이 입증이 신뢰, 즉 청자들에게 주는 믿음을 의미한다는 것은 주목할 필요가 있다. 화자의 주장에 대해 청자가 '신뢰', 또는 '믿음'을 가진다는 것은 이미 화자의 주장에 대해 동의를 하게 되었다는 것을 의미한다. 신뢰는 화자의 주장에 대해 확신을 가졌을 때 생기는 신념이다. 화자의 주장이나 생각이 청자의 마음속에 전이되는 과정을 통해 신뢰를 심어주고 설득을 이루는 것은 입증은 토론과 수사학의 근본 목적이라 할 수 있다.

5. 나오는 말

　토론은 민주사회를 이끌어가는 핵심적 의사결정 능력이다. 토론을 통해 우리는 자신의 의견을 다른 사람에게 전달하고 설득하기도 한다. 다른 사람의 말을 비판적이고 분석적으로 들어 수용하고 이에 동의하게 되고 이 과정에서 개인과 개인, 집단과 집단 간의 소통이 이루어지기도 한다. 토론과 마찬가지로 수사학이 의사소통의 기능을 담당할 수 있을 때 민주적 시민의식이 고양되고, 논증을 통한 합리적 설득 과정으로서 토론과 수사학이 갈등을 조정하는 열린 사회가 될 수 있을 것이다. "논증행위를 실천하는 것은 우리와는 다른 사람들과 추론을 계속하기를 희망하고 합의하는 하나의 실천이다. 이것은 서로에게 도움이 되는 방식으로 함께 살기 위하여 공통된 무엇인가를 창조하려는 욕망을 실현하는 것과 다름이 없다"[35]는 크로스화이트의 말은 결국 논증을 통해 토론과 수사학은 "서로에게 도움이 되는 방식으로 함께 살아가는" 바람직한 사회를 위해 해야 할 역할을 잘 감당해야 함을 증명해 주고 있는 것이다.

---

35) J. 크로스화이트, 『이성의 수사학』, 오형엽 역(서울: 고려대학교 출판부, 2001), p.234.

제2장
토론의 논증방식과 수사추론

1. 들어가는 말

　모든 사람은 설득하기도, 당하기도 한다. 판매원, 종교지도자, 정치가 등 모든 이들이 방법과 정도만 다를 뿐이지 설득하는 일을 하고 있다. 그리고 모든 인간관계에서 설득의 역할은 필요하며, 다른 사람의 생각과 행동을 바꾸기 위한 설득에 의존하지 않는 인간 조직체는 존재하지 않는다. 마찬가지로 자신의 주장과 생각을 전달해야 하는 공적 말하기의 의사소통 상황에서도 설득은 핵심적인 역할을 한다. 아무리 훌륭한 아이디어와 독창적인 생각을 가지고 있다고 하더라도, 이를 남에게 제대로 전달하지 못한다면 그 생각은 아무 소용이 없을 것이다. 또 아무리 합리적이고 타당한 주장이라 할지라도, 호소력과 설득력을 갖지 못하면 좋은 말하기라고 할 수 없다.

　토론 역시 이러한 의사소통의 범위에서 크게 벗어나지 않는다. 토론은 두 명 이상의 사람들이 어떤 문제나 쟁점에 대해 어떤 근거와 함께 주장을 제시하면서 서로 의견을 교환하는 행위이다. 대통령과 국무위원들이 행하는 국무회의를 비롯하여 국회의 법안을 심의하는 과정, 재판과 기업에서의 회의 등은 모두 어떤 주장을 하면서 최선의 해결책을 찾기 위해 상대방이나 참여자들을 설득하려는 토론에 해당한다.

그런데 설득은 항상 어떤 규칙에 근거하여 설득할 것이며, 반면 어떤 규칙에 의해 설득당할 것인가의 의문을 갖게 한다. 아리스토텔레스를 필두로 하는 수사학의 목표는 단순한 설득을 제공하는 것이 아닌 어떠한 논증에라도 적합한 설득의 수단을 제공하는 것에 있다. 그리고 이 수단들은 세 가지 요소, 즉 연설가의 에토스(성품), 청중의 파토스(감정), 그리고 논증 자체인 로고스를 찾아내는 방향으로 향하게 된다. 그런데 여러 가지 현실적 상황에 처하는 연설가는 에토스와 파토스를 활용해야 하는 입장이지만 정작 가장 중요한 것은 논증 자체에서 오는 증명이다. 설득은 무턱대고 할 수는 없고 그렇게는 설득될 수도 없기 때문이다. 단지 상대의 비위만 맞춰 설득을 이끌어 내려 한다면 그것은 하나의 아첨에 지나지 않을 것이며, 반대로 엄밀한 논증만 반복한다면 누구도 그 논의를 따라가려고 하지 않을 것이다.

제2장에서는 토론의 설득적 요소에 주목하여 설득을 이끌어 내는 주요 요소 중 하나인 수사적 논증 방식에 대해 고찰하고자 한다. 수사학적 상황과 마찬가지로 토론의 상황에서 설득은 복합적인 요소들에 의해 영향을 받는다. 그러나 무엇보다

토론 상대방이나 청중이 반론을 제기하지 못하고 결정적으로 자신이 설득되었다고 인정하는 경우는 논증이 완벽하다고 여겨질 때이다. 그런데 수사학적 상황에서 엄밀한 논리학적 논증은 현실적으로 설득력을 갖기 힘들다는 점에 주목해야 한다. 수사학에서는 엄밀한 변증법적 논증에 구분하여 수사학적 논증 방식을 사용하는 이유가 여기에 있다. 토론의 상황에서도 단순히 논리적 진술만으로는 설득력을 획득하기 어렵기 때문에 수사적 논증 방식이 하나의 모범이 될 것이다. 이 논증 방식은 논증이 가지고 있는 형식적 구조나 특성에 국한되어 있는 논리학적 논증방식과 구분되어 대중적으로 설득력을 가질 수 있는 고유한 논증 방식이다. 토론 상대방이나 청중을 설득해야 하는 토론자는 수사학의 논증 방식에 대한 인식을 가져야 할 것이다. 제2장에서는 토론의 수사학적 성격을 조명하고 토론에 적합한 수사학적 논증 방식을 아리스토텔레스의 수사추론을 중심으로 제시하고자 한다.

2. 토론의 논증 방식의 방향

1) 토론의 목적

한국 사회는 최근 몇 년간 인터넷과 텔레비전, 라디오를 통해 새로운 토론 문화가 형성되어 토론과 관련하여 급격한 변화를 보이고 있다. 이러한 일은 과거 권위주의 사회에서는 찾아볼 수 없는 중요한 변화이며, 한국 사회가 민주사회로 나가고 있는 표지로 인식될 수 있다.

토론에 있어 기본적으로 요구되는 것은 감정적인 대응이 아니라 합리적인 방식을 통한 대화이다. 합리적 토론을 위해서는 어떤 근거에 기반한 주장을 제시해야 하는데 이를 논증이라고 한다. 논증의 기능은 기본적으로 상대방을 설득하는 것이다.

갈등이 있는 한 공동체는 상대방을 설득함으로써 일정한 견해를 공유하게 되고, 해결책을 함께 모색할 수 있게 된다. 그런데 어떤 견해에 설득된다는 것은 그 견해를 인정하고 받아들인다는 것을 뜻한다. 이렇게 기존의 신념과 가치 체계, 지향적 태도 등을 수정하여 기존의 견해를 포기하게 만드는 것이 설득이다. 물론 그러한 포기와 수정이 전혀 일어나지 않으면서 논증을 통해서 새로운 견해가 도입되는 경우도 있을 수 있다. 이러한 것은 청자가 기존의 신념 체계와 가치 체계, 지향적 태도 등에 전혀 없던 새로운 견해를 정당하다고 받아들이는 경우이다. 이러한 상황 역시 설득되었다고 할 수 있다.

논증을 통한 대화에서 설득이라고는 말할 수 없지만 매우 중요한 경우도 있을 수 있다. 기존의 견해가 포기되지도 않고 또 새로운 견해가 도입되지도 않았지만 상대방의 주장과 그 주장의 근거와 배경을 이해하게 되는 경우이다. 이러한 상황에서는 상대방의 생각을 존중하게 되고, 더 나아가 자신의 주장과 근거가 정당하지 않을 수도 있다는 가능성을 열어 놓게 되는 결과를 낳는다. 이를 상대방에 대한 이해 또는 '상호 이해'라고 부른다.36)

　민주주의는 기본적으로 타인의 이견에 대한 관용을 전제로 한다. 사람들은 누구나 사실의 문제, 가치의 문제, 혹은 정책적 문제에 대하여 서로 다른 의견을 가질 수 있다. 그러한 상황에서 이견을 좁히기 위하여 의지해야 할 수단은 합리적인 대화와 설득의 과정인 것이다. 타인의 의견이나 판단은 가능한 한 존중되어야 한다. 그리고 서로 다른 의견으로 인해 갈등이 발생한다면 합리적 대화와 타협, 그리고 설득을 통하여 조절되어야 한다. 합리적인 대화와 설득의 과정에서 가장 중요하게 등장하는 수단이 바로 토론이라는 점은 주지의 사실이다.

2) 토론의 수사학적 성격

　토론의 목적은 설득이나 상호 이해에 도달하는 것이며, 이를 실현하기 위해 논증적 활동이 필요하다. 논증적 활동은 그 본성상 합리적인 활동이다. 토론은 어떤 주장과 관련하여 갈등관계에 있는 양측이 자신들이 생각할 수 있는 좋은 이유들을 최대한 제시하고, 그 이유를 통하여 상대방을 합리적으로 설득하려는 시도이다.

　그런데 이러한 방식으로 이해된 토론은 세계에 대한 개인의

---

36) 숙명여대 의사소통능력 개발센터, 『발표와 토론』(서울: 숙명여대, 2008), pp.106~9.

믿음이나 가치판단과 관련한 중요한 전제를 이면에 깔고 있다. 그 누구도 자신의 믿음이나 판단에 있어서 절대적인 확실성을 주장할 수 없으며, 보다 나은 의견이 있을 경우 언제든지 자신의 생각을 포기할 수 있는 개방성을 유지해야 한다는 생각이 그것이다. 철학자들의 오랜 꿈은 절대적인 진리나 확실성을 추구하는 것이지만 토론의 출발점은 그러한 절대적 확실성을 추구하는 태도로부터 탈피를 전제로 한다. 토론의 영역은 기본적으로 각자의 무지와 상대성, 불완전성을 인정하는 지점에서 시작한다. 어떤 분야의 학문이든 모든 지식 혹은 신념은 항상 비판적 시험과 논의의 장이 열려 있어야 하며, 논박 가능하거나 반증 가능해야 한다. 한 사람이 주장을 논증을 통하여 지지하면, 상대방은 다시 새로운 논증을 통하여 그 논증을 비판, 논박하는 것이 토론의 골격이며, 이러한 과정을 통하여 보다 나은 의견이나 판단으로 나아갈 수 있다는 것이 토론의 기본 정신인 것이다.

그러면 토론의 논증은 어떠한 형식을 띠는지 논의할 필요가 있다. 논증이라는 말이 가장 많이 쓰이는 것은 논리학과 관련된 영역이다. 논리학의 규정에 따르면, 논증은 '전제와 결론으로 이루어진 명제들의 집합'이다. 전제들은 결론을 뒷받침하기 위하여 제시된 이유나 증거의 성격을 띤다. 논리학의 기본 관심은 전제와 결론 사이에 성립하는 올바른 지지관계로서의 정당화에 대한 것이다. 즉, 논리학은 전제와 결론 사이에 올바른 정당화의 관계가 성립하는 좋은 논증과 그렇지 않은 나쁜 논증을 구분시켜 주는 규칙이나 법칙들에 대한 체계적인 탐구라고 할 수 있다. 따라서 논리학의 기본적인 관심은 논증이 가지고 있는 형식적 구조나 특성에 국한되어 있다. 가령 연역 논리학에서 가장 핵심이 되는 타당성의 개념만 하더라도, 이는 각 전제나 결론이 갖는 내용이나, 그 내용들 사이의 구체적 연관성을 문제 삼는 개념이 아니다. 즉 형식적 타당성만을 문제 삼을 뿐 그 내용에 대한 건전성은 관여하지 않는 것이다. 따라서 논리의 형식적 측면에서는 올바르더라도, 내용적인 측면에서 좋은 논증이라고 평가하기 힘든 경우가 종종 있다.

그런데 토론의 맥락에서 논증은 토론의 상대방과 청자를 대상으로 하는 것이며, 논증을 펼치는 목적은 청자나 의사결정권자를 설득하는 데에 있다. 따라서 타당성만을 다루는 논리학의 개념은 논증의 형식적 올바름과 관련된 것이기 때문에 설득을 목표로 하는 현실적 상황에서는 무력할 가능성이 있다. 따라서 토론에 필요한 좋은 논증을 규정하는 데에 있어서, 논리학에서 말하는 형식적 측면의 올바름 이외에 설득력이라는 관점에서 보충을 필요로 한다. 말하자면 논증을 규정함에 있어서 청자 중심적 관점을 취할 필요가 있는 것이다.[37]

이러한 토론의 성격은 수사학적 상황과 일치하는 부분이 많이 있다. 아리스토텔레스는 연설가가 주제의 가장 정확한 지식을 갖고 있더라도 교육을 받지 못한 청중을 가르치고 설득하는 것은 쉽지 않다고 말한다. 그는 대중 연설에서 청중이란

---

37) 박승억 외 3인, 『토론과 논증』(서울: 형설출판사, 2005), pp.26~7.

과학의 원칙들로 기초한 확실한 증거를 따를 수 없는 평범한 사람들로 구성된다고 생각한다. 게다가 그러한 청중은 주제와 상관없는 것들에 의해 쉽게 산만하게 된다. 많은 경우에 대중은 아첨을 받아들여 자신들의 이익을 증가시키려고 한다. 그리고 이 상황은 도시의 규약이나 법 혹은 수사적 기질이 불충분할 때 더 심해진다. 결과적으로 대중 연설에서 논의되는 주제 대부분은 엄격한 지식으로 승인하는 것이 아니고, 의심의 여지를 남기는 것일 수밖에 없다. 특히 이와 같은 상황에서 연설가가 믿을 만한 사람으로 보이거나, 청중의 호의적인 분위기는 중요하다. 모든 판단에서 법정과 의회의 결정에 영향을 미치는 것은 지식이 아닌 설득의 문제이다.

아리스토텔레스는 현대 논리학과 밀접한 연관을 가지고 있는 변증법과 비교하며 수사학에 대한 필요성을 설명해 나간다. 변증법과 수사학의 공통된 핵심은 두 분야 모두 동의된 전제로부터 논증을 다룬다는 것이다. 그러므로 논증이나 수사적 증거에 의해 설득하기 원하는 연설가는 변증법적인 기술을 적용시킬 수 있다. 그럼에도 공공의 장소에서 대중을 상대해야 하는 설득은 논증과 증거의 문제만은 아니고, 신뢰성과 감정적 상태의 문제이기도 하다.[38] 이것이 두 영역 사이의 두드러진 차이점이라 할 수 있다.

변증법의 제1 목적은 어떤 부류에서 진리에 이르는 것이고, 설득에 관계된 수사학의 목적은 공유된 의견에 도달하는 것임

---

38) C. Carey, "Rhetorical means of persuasion", *Persuasion–Greek Rhetoric in Action* ed., Ian Worthington (New York: Routledge, 1994), p.34.

을 알 수 있다. 아리스토텔레스의 변증법에서 비록 각각의 참가자들이 똑같이 다른 사람이나 혹은 그의 관점을 가지고 있는 구경꾼들을 납득시키려 할지라도 변증법의 제1 목표는 논쟁의 해결이 아니다. 그것은 단지 진리를 찾으려는 시도일 뿐이다. 목표의 차이는 왜 로고스 외에 설득의 수단인 파토스와 에토스가 『토피카』에서 다루어지지 않는지를 설명해 준다.

또한 수사학과 변증법 각각의 상황에서 다루어지는 주제에 대해 생각해 볼 때, 토론의 상황은 논리학 혹은 아리스토텔레스가 말하는 변증법적 상황보다는 수사학적 상황과 밀접하다는 것을 알 수 있다. 변증법과 수사학 각각의 기술은 어떤 주제를 다룰 수 있는 광범위한 능력이 있긴 하지만 그럼에도 수사학은 보통 "내일 함대를 보내야만 하는가?", "이 사람은 죄가 있는가?"와 같은 실제적이고 특별한 경우에 사용된다. 그러나 변증법은 "덕을 가르치는 것이 가능한가?"와 같은 이론적이고 보편적 주제와 연관된다.39) 토론의 주제가 엄밀한 과학을 다루는 것이라면 논리적 형식에 근거하여 논의하면 될 것이다. 그러나 토론의 주제는 수사학적 상황과 동일한데, "미스코리아 대회는 계속되어야 하는가?", "양심적 병역 거부는 허용되어야 하는가?" 등 가치 판단을 해야 하는 경우에 토론을 하는 것이다. 상대방과 청자 혹은 의사결정권자를 설득해야 하는 토론의 특성상 변증법적 혹은 논리적 훈련만을 강조

---

39) E. C. Krabbe, "Meeting in The House of Callias: An Historical Perspective on Rhetoric and Dialectic", *Dialectic and Rhetoric*, ed., Frans H. Van Eemeren, Peter Houtlosser (Boston: Kluwer Academic Publishers, 2002), p.30.

하는 것은 자신의 설득력을 높일 수 없다. 수사학의 설득적 기술, 특히 수사학적 논증 방식을 이해할 때 토론자는 말은 맞지만 설득력은 없는 모순된 상황을 피할 수 있을 것이다.

3. 설득을 위한 수사학적 구조

1) 수사학의 목표

아리스토텔레스는 수사학에 대해 '변증법의 상대항'으로서의 지위를 부여한다. '상대항'이라는 것은 비슷하기는 하지만 같지는 않다는 말이다. 이것은 수사학의 지위와 그 방법론이 변증법과 비슷하긴 하지만 또한 변증법과는 다른 요소가 있음을 의미한다. 변증법과 수사학은 어떤 특정한 학문에 속한 것이 아니라는 공통점이 있지만 사용하는 영역이 다르다는 차이점도 있다. 변증법의 목표에서 주변적 상황은 그리 중요하지 않다. 논쟁은 변증적 실행에서 일어난다. 변증법의 제1 목표는 누가 설득되어 어떤 행동을 하느냐의 문제가 아니며 진리 자체를 추구하는 것의 문제이다. 그래서 설득은 변증법보다는 수사학에 속하는 주제이다.[40] 사용영역이 다르다는 것은 그 방식에 대한 평가 기준도 달라야 한다는 것을 의미한다. 수사학과 변증법을 보면 이 둘은 각각의 영역이 있기에 다를 수밖

---

40) *Ibid.*, p.35.

에 없으며 거기에 맞는 각각의 방식이 필요함을 알 수 있다.

아리스토텔레스의 입장에서 볼 때 변증법은 엄밀하며 학문적 가치가 있고 수사학은 변증법의 아류와 같고 학문적으로는 무언가 나올 것이 없다고 생각하는 것은 현실을 무시한 태도이다. 변증법이 진리추구의 영역에서 나름의 방법론이 있다면 수사학은 설득의 영역에서 다른 것으로 대체할 수 없는 고유한 것이 있다. 수사학이 변증법을 대신할 수 없듯이 변증법이 수사학을 대신할 수 없다는 것이 아리스토텔레스식의 생각이다. 이것은 아리스토텔레스 수사학뿐만 아니라 일반적으로 수사학을 대할 때에도 아주 중요한 관점이다. 이것을 받아들일 때 합리적으로 변증하는 것이 가능한 것처럼 합리적으로 설득하는 것이 가능해지기 때문이다. 설득은 무턱대고 하는 것이 아니며 그렇게는 되지도 않는다. 단지 상대의 비위만 맞춰 설득을 이끌어 내려 한다면 그것은 소피스트의 것이 되고 말 것이다. 반대로 논증만 반복한다면 누가 그것을 듣고 있겠는가?

수사학은 타당한 결정을 방어할 때 사용될 수 있으며 과학적 논증을 따라올 수 없는 자들을 확신시킬 때와 동일한 명제를 대항하는 주장을 해야 할 때 사용한다. 수사학과 변증법 각각은 공유된 의견에 도달하는, 즉 논쟁을 해결하려는 일차적인 목표를 공유한다. 그러나 변증법은 원래 설득의 변증법이 아니며 설득을 목표로 할 수 없다. 수사적 상황은 대중을 상대하기 때문에 특별한 것인데, 이런 상황 속에서 변증법적인 형식적 엄밀함을 요구한다는 것은 많은 문제를 낳게 된다. 그래서 수사학만의 고유한 논증법이 요구되는데 바로 수사추론 (enthymema)[41]이다. 변증법이 엄밀한 연역적 추론을 사용한다면 수사학은 변증법에 대응하는 고유한 수사적 추론을 사용한다.

2) 설득을 위한 세 가지 수단

아리스토텔레스 수사학의 목표는 단순한 설득을 제공하는 것이 아닌 어떠한 논증에라도 적합한 설득의 수단을 제공하는 것에 있다. 그리고 이 수단들은 세 가지 요소, 즉 연설가의 에토스, 청중의 파토스, 그리고 논증 자체인 로고스를 찾아내는 방향으로 향하게 된다. 수사학이 변증법처럼 삼단논법의 긴 사슬을 이용할 수 없는 이유는 수사적 장소에 처한 독특한 상황 때문이다. 그 상황은 수사학이 대중을 상대한다는 점이다. 대중은 배우지 못한 자들이 섞여 있으므로 논증의 긴 사슬을 따라오기가 매우 힘들다. 그리고 수사적 장소의 목표는 변증법처럼 진리 추구의 문제가 아닌 설득의 문제이므로 그때그때

---

41) '엔튀메마(enthymema)', 즉 enthymeme은 논리학에서는 '생략 삼단 논법'으로 불린다. 그러나 '생략 삼단 논법'이라는 용어는 오해의 소지가 다분하다. 왜냐하면 삼단논법은 완전한 것이고 거기에 비해 엔튀메마는 뭔가 부족한 것이라는 인상을 주기 때문이다. 물론 현대 논리학은 아리스토텔레스의 변증법과는 차이가 있기 때문에 단순하게 논의할 문제는 아니다. 여기서 밝히고자 하는 것은 아리스토텔레스에게 있어서 엔튀메마는 '부실한 삼단논법'이 아닌 나름의 '독특한 추론'이라는 것이다. 형태상으로 엄밀함을 추구하는 변증법적 추론과 다르지만 설득적 상황인 연설에서는 엔튀메마 만한 것이 없다. 아리스토텔레스는 엔튀메마에 대한 정확한 정의를 내리지 않는데 『수사학』 1권의 1546b5에 따라 '수사추론'으로 해석할 수 있다. 본 논문에서는 기본적으로 '수사추론'으로 사용하며 '엔튀메마'로 음역하기로 하겠다. 그리고 여기서 '수사추론'은 '수사적 추론'이라는 뜻을 함축함으로 동의어로 간주하겠다.

다양한 방법이 요구된다. 이것을 위해 아리스토텔레스는 수사적 논증뿐 아니라 연설가를 신뢰성 있게 보이는 방법과 청중을 의도하는 감정으로 바꾸는 방법들을 분석하여 학문으로 가치가 있는 수사학을 나타내고 있다.

아리스토텔레스에 의하면, 연설은 연설가, 연설에서 다루어지는 주제, 연설을 듣는 청중으로 구성된다(1358a37). 이것은 설득에서 기술적 수단은 주제, 청중, 연설가와 연관된다는 것을 의미한다. 부연하자면 설득의 기술적 수단들은 연설가의 성품, 청중의 감정적 상태, 논증 자체에 있다. 즉 에토스·파토스·로고스로 증명되는 것이다.

여기서 에토스(ethos)란 연설가의 성품을 말한다. 연설의 경우 연설가에 대한 신뢰가 매우 중요하다. 연설가가 신뢰할만한 사람으로 보이면 더 쉽게 설득에 도달할 수 있기 때문이다. 연설가가 신뢰할만한 사람이라면 청중은 신뢰할 수 있는 연설가가 제안하는 진술을 진실하거나 받아들일 수 있는 것이라고 하는 제2의 판결을 만들어 낼 가능성이 크다. 이것은 의심은 되지만 정확한 지식이 없는 경우에 특히 중요하다. 그렇다면 어떻게 연설가는 신뢰할만한 사람처럼 보일 수 있는가? 연설가는 덕스러운 성품, 선한 의도를 나타내야만 한다.[42] 만일 그가 이것들을 조금도 나타내지 못한다면, 청중은 그가 어떤 것에 있어서든 좋은 충고를 줄 사람이라는 것을 의심하게 된다. 또한 연설가는 파토스(pathos)를 고려해야 한다. 연설가는 청

---

42) 『수사학』1378a6.

중의 심리 상태를 점검해야 하며 거기에 맞는 연설을 해야 한다. 즉 청중의 감정 상태에 맞는 '맞춤형 연설'을 해야 하는 것으로 이해할 수 있다.

설득의 성공은 청중의 감정적 경향에 어느 정도 의존할 수밖에 없다. 왜냐하면 모든 사람은 슬플 때나 즐거울 때 혹은 우호적일 때나 적대적일 때에 어떤 것에 대해 같은 방식으로 판단하지 않기 때문이다. 그러므로 연설가는 감정을 불러일으키는 데 신경을 써야 한다. 감정은 그만큼 사람의 판단에 작용할만한 힘을 가지고 있다.[43]

그렇다면 아리스토텔레스는 에토스와 파토스, 로고스에 똑같은 중요성을 두는 것인가? 그의 『수사학』을 보면 그렇지 않다. 여러 가지 현실적 상황에 처하는 연설가는 에토스와 파토스를 활용해야 하는 입장이지만 정작 가장 중요한 것은 논증 자체에서 오는 증명이다. 『수사학』 첫머리에도 보면 증명하는 성격의 설득 수단에 우월한 지위를 부여하는 것을 볼 수 있다 (1335a4-7). 아리스토텔레스의 입장은 수사학에는 세 가지 설득 수단이 있는데 그중 로고스적 측면에서 수사 추론(enthymema)만이 좁은 의미의 설득 수단이라는 것이다.[44] 여기서 '변증법의 상대항'이라는 말의 의미가 더욱 명확해진다.

수사논증은 수사 추론(enthymema)과 실례(paradeigma)로 대표된

---

43) Ibid., 1378a1. "좋은 감정 상태에 있는 재판관은 우호적인 감정 상태로 인해 자신이 판결하려고 하는 자에 대해 악을 행할 것으로 보이지 않을 가능성이 크며, 성난 감정 상태에 있는 재판관은 같은 사람이라도 악한 행위를 할 것으로 보인다."

44) 한석환, 「아리스토텔레스와 수사적 논증의 문제」(『서양고전학연구』 25 2006), p.46.

다. 아리스토텔레스는 수사추론을 변증법적 추론과 구별되는 또 다른 하나의 추론(syllogismos)[45]으로 다루고 있다. 변증법적 추론이 필연성에 의거한다면 수사적 추론은 개연적인 것이나 바람직한 것에 의거한다. 논리적 삼단논법은 형태적으로 엄격하며 결론이 필연적이지만, 수사추론은 형태적으로 탄력성이 있고 가변적 팽창력을 가진 추론 방식이다.[46]

아리스토텔레스는 여러 저작과 부분에서 변증법과 수사학의 차이, 더 나아가 변증법적 추론과 수사적 추론의 차이를 드러내는 언급을 한다. 이를 통해 수사적 추론이 변증법적 추론에 대해 고유한 지위를 갖는다는 것과 더불어 수사학이 변증법과 유사한 자리에 있다는 것을 알 수 있다. 다음 장에서는 먼저 변증법과 수사학의 일반적 차이를 알아보고 변증법적 추론과 수사적 추론의 차이를 분석하여 수사적 추론이 변증법적 추론에 대해 고유하다는 것을 증명하고자 한다.

---

45) 실로기스모스(syllogismos)는 다의적으로 쓰이기 때문에 번역상의 문제가 있을 수 있다. 그것은 넓은 의미로는 전제로부터 이끌어내는 결론으로서 '추론'을 가리키며, 『토피카』에서는 연역적 '추론'으로 『분석론』에서는 현대 논리학에서처럼 엄밀한 '삼단논법'으로 해석될 수 있다. 『토피카』에서는 문맥상 실로기스모스를 '연역적 추론' 혹은 '추론'으로 해석하면 되지만, 『수사학』 1권의 1546b 이하를 참고해 볼 때 『수사학』에서 이것을 논할 때에는 그냥 '추론'으로 해석하는 것이 맞다. 이런 이유로 실로기스모스(추론) 안에 과학적 추론, 변증법적 추론, 수사적 추론이 있다고 할 수 있다. 본 논문에서는 기본적으로 '추론'으로 사용하며 '실로기스모스'로 음역하기로 하겠다.
46) 호세 안토니오 에르난데스 게레로, 마리아 델 카르멘 가르시아 테헤라, 『수사학의 역사』, 강필운 역(서울: 문학과 지성사, 2001), p.38.

4. 수사추론의 논증 방식

1) 수사추론은 생략된 삼단논법인가?

보통 쉽게 오해할 수 있는 것이 수사학에서 에토스, 파토스, 로고스의 세 가지 설득 수단이 있다고 하면 로고스적 측면은 변증법이 아닌가 하는 것이다. 아니면 변증법의 흉내 내기 정도로 생각할 수 있다. 논리학에서 수사논증의 방식이 되는 'enthymeme'을 '생략 삼단논법'이라 부르며 뭔가 부족한 삼단논법 정도로 생각하는 것을 보면 알 수 있다.

그런데 중요한 점은 아리스토텔레스가 『수사학』에서 엔튀메마가 과학적 논증이나 변증법적 추론의 형식적 특성을 갖는다고 말한 곳이 아무 데도 없다는 것이다. 수사학은 그 영역의 독특함 때문에 거기에 맞는 논증방식을 갖고 있을 수밖에 없다. 그렇기 때문에 엔튀메마는 변증법적 추론처럼 엄밀한 형식을 추구하지 않는다. 엔튀메마가 엄밀한 형식을 추구하지 않기 때문에 외관상 변증법적 추론에 비해 간결해 보이는 것은 사실이다. 하지만 간결함이 엔튀메마의 특징 중 하나라는 것이(1419a19) 엔튀메마를 전제 중 하나가 감추어진 '요약된 삼단논법'으로 여겨야 한다는 것을 의미하지는 않는다. 수사적 상황에서 연설가는 전문지식을 소유한 전문가가 아니다. 또한 청중도 비전문가이며 대부분 추론의 지속적 훈련이 안 되어 있어서 논증의 긴 사슬을 따라 올 수 없는 사람으로 구성되어 있다. 그래서 연설은 어떤 제약이 부과되어야 한다 (1357a1-22). 형식적 완벽함보다는 대중에게 호소할 수 있는 방법을 찾아야 하는 것이 수사적 상황의 독특성이다. 이것은 개연성과 우연의 영역인 엔튀메마의 기능이 형식적 논증에 머물러 있어서는 안 된다는 것을 의미한다. 엔튀메마는 변증법과는 다른 상황에서 전혀 다른 방식으로 태어나는 것이지 단순히 변증법에서 생략시키는 방식은 아니라는 말이다. 그런데 형식이 중요치 않다는 것은 수사적 추론이 논리학과 같은 엄밀한 형식이 목표가 아니라는 의미이지 아예 무턱대고 주장해도 된다는 의미는 아니다. 엔튀메마가 영향력을 발휘하기 위해서는 확실한 논변과 진술로 구성되어야 하기 때문이다.47)

수사추론은 변수가 많은 복잡한 현실에서 사용하는 것이기 때문에 변증법에 비해 많은 제약이 따른다. 그렇기 때문에 나름의 방식으로 진행해야 한다. 아리스토텔레스가 말하는 수사적 상황에서의 이상적 로고스는 변증법처럼 엄밀한 형식으로 나아갈 수는 없지만 이성적 방법으로 수행되어야 하는 것이다. 이것은 수사학과 변증법의 차이점임과 동시에 공통점이다. 즉 수사적 논증은 변증법의 연역적 추론과 귀납법을 그대로 사용하지는 않는다는 것이 차이점이라면 수사학에서도 그 자체로 증명이 되는 설득 수단을 제일로 여긴다는 것이 공통점이 된다.

---

47) J. A. E. Bons, "Reasonable Argument before Aristotle: The Root of The Enthymeme", *Dialectic and Rhetoric* ed., Frans H. Van Eemeren, Peter Houtlosser (Boston: Kluwer Academic Publishers, 2002), p.25.

2) 수사 추론의 형식적 특성

수사적 추론과 변증법적 추론의 큰 차이는 그들이 진행되는 방식이다. 변증법에서 동의될 수 있는 논증은 두 가지 의미에서 완성되어야만 한다. 첫째, 변증법적 추론은 변할 수 없는 원칙에 근거를 두어 전제들이 배열되어야 한다. 둘째, 결론에 도달하기 위해 사용되는 단계들을 형식화함에 있어 모든 명제를 하나도 빠짐없이 진술해야만 한다. 이에 반해 수사적 추론은 즉시 쓸 수 있도록 친밀한 것과 논증에 있어 궁극의 근거에 관계하지 않는 것으로부터 시작한다. 수사적 추론은 논증에서 필연적인 것으로 생각될 수 있는 단계들을 뛰어넘지만 그 논증은 명백한 것이다. 그리고 빠뜨리고 넘어간 단계들은 논쟁의 여지가 없는 것들이다.

그런데 이 '필연적으로 생각될 수 있는 빠뜨린 단계들'은 하나의 문제를 야기한다. 수사 추론의 생략에 대한 논쟁을 일으킬 수 있다. 즉, 수사 추론은 실제로는 완성된 것이고 그래서 '빠뜨린 단계들'은 결국 실제로는 필연적이지 않은 것이라는 의미가 될 수 있는 것이다. 그러나 수사학은 그 전제에 있어 '형식적 완전함'으로 불릴 수 있는 어떤 것도 요구하지 않는다. 그러한 형식적 완전함에 대한 요구는 형식적으로 완전하지 않은 논증은 강력하지 않을 것이라는 생각에서 올 수 있다. 그러나 이러한 생각은 현실의 논쟁 과정에 들어가면 사실이 아니라는 것을 알 수 있다. 짧지만 예리한 논증은 길고 복잡한 논증보다 더욱 더 강력한 논증이 될 수도 있다. 수사학은 설득력 있는 논증을 사용하며, 그런 논증을 만드는 것이기 때문에 형식적 완전함이 중요하지 않다.

수사학에서 요구되는 것은 형식적 완전함이 아니기 때문에 수사적 추론은 그 자체로 완전한 논증이 된다. 수사적 추론에서 필연적 전제가 생략되는 일은 없기에 완전하다는 말이다. 그렇다면 수사적 추론과 다른 추론들 간의 차이는 보이지 않는 전제를 가졌느냐의 사소한 문제는 아니며, 더 근본적인 차이가 있다는 말이 된다. 수사적 추론은 추론 방식 자체가 아예 다르며, 그 이유는 수사적 추론의 목표가 다르기 때문이다. 수사적 추론은 형식적 완전함이 목표가 아니고 변증법적 추론은 그것이 목표가 된다. 수사적 추론이 간결한 것은 사실이지만 간결함과 불완전함은 동일한 것이 아니다.

수사적 추론은 통념들 중 하나를 단순히 고쳐 말하거나 혹은 그들의 기초에 근거하여 주장한다. 즉 통념을 단순히 언급함으로써 수사적 추론을 형식화할 수 있다. 예를 들어 보면, "어떤 것의 반대가 악한 것이면 그것은 선한 것이다(1360b30)"가 있다. 그런데 그러한 수사적 추론은 유용하거나 무언가 감동을 줄만한 것이 아니다. 좀 더 가치 있고 영향력 있는 것은 다른 지식에 연결되거나 윤리학에서 도출해낸 수사 추론이다. 예를 들면, "온화하게 되는 것은 좋은 것이다. 왜냐하면 난폭하게 되는 것은 나쁘기 때문이다(1397a10)" 같은 식이다.

변증법적 추론은 이와는 다르다. 변증법적 추론은 통념에 기초한 한 전제에 다른 전제를 더하는 식으로 진술된다. 『토피카』에 나타난 변증법적 추론의 예를 보면 다음과 같다.

> 질투가 고통스러울 때는 선한 사람들의 명백한 성공을 느낄 때이다.
> 선한 사람은 다른 선한 사람의 성공에 고통을 느끼지 않는다.
> 그러므로 선한 사람은 질투를 느끼지 않는다.[48]

두 번째 전제는 일반적인 통념이지만 처음 전제는 윤리학으로부터 정의 내려졌다. 수사적 추론은 통념에 바로 의존한다는 점에서 이와 같은 변증법적 추론과 다름을 알 수 있다.

3) 변증법적 추론에 대한 수사추론의 고유성

수사적 추론이 변증법적 추론과 구별되는 근본적 차이는 무엇인가? 그것을 라이언은 아리스토텔레스가 변증법적 추론을 그들의 성질이 타당한지 혹은 타당하지 않은지에 의해 평가하는 데 반해, 수사적 추론은 그것이 설득력이 있는지 혹은 설득력이 없는지에 의해 평가한다는 것을 들고 있다.[49]

이 주장은 '배중률'에 반하는 것으로 보인다. 이 법칙에 따르면 어떠한 논증 형식이건 그것은 타당하거나 혹은 타당하지 않은 것 중 하나이다. 타당한 논증을 보면, 참인 명제는 전건

---

48) 『토피카』109b35.

49) Eugene E. Ryan, *Aristotle's Theory of Rhetorical Argumentation* (Montreal: Les Editions Bellarmin, 1984), p.44~5.

인 결합된 전제와 후건인 논증의 결론이 가정의 명제를 형성하는 것으로 귀착된다. 그렇지 않은 논증은 타당하지 않은 논증이다. 이 점에 대한 라이언의 논점은 아리스토텔레스가 수사적 추론을 평가함에 있어서 타당한가 혹은 부당한가가 아닌 설득적인가 혹은 설득적이지 않은가의 기준으로 평가한다는 것이다.

2권 23장에서 아리스토텔레스는 진짜 엔튀메마[50](수사 추론)의 원천으로 주어지는 토포스[51]들의 목록을 제공한다. 몇 가지 예를 살펴보면 다음과 같다.

> 다른 전문가들이 하찮게 여기지 않는다면,
> 철학자도 그렇게 여기지 않는다.[52]
>
> 모든 것에 겁을 먹는 것이 적을 돕는 것이라면,
> 모든 것에 대한 용기는 명백히 동료 시민을 돕는 것이다[53]

---

50) 아리스토텔레스는 『수사학』에서 '진짜 엔튀메마'와 '받아들일 수 있는 엔튀메마'를 같은 의미로 사용한다. 또한 '가짜 엔튀메마'와 '외견상의 엔튀메마', '받아들일 수 없는 엔튀메마'는 같은 의미이다.

51) 연설가가 주제를 갖고 빈틈없이 제한된 명제에 변환시킨다면, 일단 그는 그 주제를 발전시키기 위한 작업을 하게 된다. 만약 연설가가 설득력 있는 화법을 가지고 있다면 다음으로 주제를 발전시킬 '논거들'을 찾아야만 한다. 특히 연설가가 이성적 호소의 사용을 결정한다면 논거를 귀납이나 추론으로 발전시키게 된다. 연설가가 추론으로 주장하려 한다면 변증법적 추론이나 이와 비슷한 엔튀메마에 의지하게 된다. 그가 귀납적으로 주장하려 한다면 그는 변증법의 귀납법이나 혹은 수사학의 실례에 의지하게 된다. 그러나 로고스든 파토스든 호소하는 모든 방식에서 논증하는 사람은 말하려는 실제 내용을 갖고 있어야만 하며, 그것을 찾아내야만 한다. 이 작업이 없다면 실제적인 상황에서 수사추론이 무용지물이 되고 말 것이기 때문이다. 이것은 변증법적 상황에서도 마찬가지다. 이처럼 그 말하려는 것에 대한 원천적 역할을 하는 것이 토포스이다.

52) 『수사학』 1397b25.

53) *Ibid*, 1362b23.

이들이 타당한 논증이라고 주장하기 위해서는 '보이지 않는 전제'를 보충해야 한다. 위의 진짜 엔튀메마 중에서 『수사학』 1권 5장의 윤리적 토포스를 다룰 때 나온 것에서 "모든 것에 겁을 먹는 것이 적을 돕는 것이라면 모든 것에 대한 용기는 명백히 동료 시민을 돕는 것이다"를 보면 확실히 "모든 것에 있어서 겁을 먹는 것은 적을 돕는 것이다"를 긍정하면서 "모든 것에 대한 용기는 동료 시민을 돕는 것이다"를 부인하는 것이 모순이 되지 않는 것을 볼 수 있다. 따라서 "모든 것에 대한 용기는 동료 시민을 돕는 것이다"가 거짓일 때에 "모든 것에 있어 겁을 먹는 것은 적을 돕는 것이다"가 참일 수 있다. 이것이 가능하다면 이는 변증법에서 말하는 타당한 논증이라고 생각할 수 없다. 특히 진술의 첫 부분을 보면 두 번째를 추론해 내기 위한 필연적인 것을 만들 수가 없다. 그러므로 이것은 타당한 논증으로 생각될 수 없다.

이것으로 볼 때 수사적 추론에서는 변증법적 추론에서처럼 형식이 타당한가 그렇지 않는가는 별 의미가 없음을 알 수 있다. 이 토포스를 보면 아리스토텔레스는 분명 진짜 엔튀메마로 말하고 있는데 변증법적 추론의 관점에서 보면 타당한 것이 아니다. 그럼에도 진짜 엔튀메마로 정의되는 것은 아리스토텔레스가 변증법적 추론과 수사적 추론의 판정 기준을 전혀 다른 것으로 상정하고 있기 때문이다. 즉 변증법적 추론은 타당성 여부가 기준이고 수사적 추론은 설득력 여부가 기준이 된다. 아리스토텔레스가 설득적인 것으로 생각하는 것(완전한 수사적 논증)은 진술의 이유와 근거가 제시되는 것이면 된다. 또한 진술의 전제가 터무니없는 것이어서는 안 되며 일반적으로 받아들일 수 있는 것이어야 한다는 점을 알 수 있다.

다음으로 2권 24장에서 가짜 엔튀메마에 대한 언급을 통해서도 수사적 추론에 대한 평가 기준이 변증법적 추론과 다르다는 것을 알 수 있다. 아리스토텔레스는 수사학의 세 주제에 대한 입장이나 성품과 감정적 유형의 입장 혹은 도덕적 특징에 대한 입장으로부터 오는 논증을 고찰한다. 이렇게 진짜 엔튀메마의 일반적 근거가 될 수 있는 토포스를 고찰한 뒤에 24장을 시작한다.

24장에서는 엔튀메마처럼 보이지만 실상 엔튀메마가 아닌 것들에 대한 토포스가 아홉 개 소개된다. 그 중 분리된 것을 결합된 것으로 보고 결합된 것을 분리된 것으로 보는 오류와 비필연적 표지로부터 오는 오류가 있다. 그것은 다음과 같다.

> E가 결합된 ABCD라고 단언될 수 있다면,
> E는 A라고 단언될 수 있다. 혹은 B라고, C라고, D라고.
>
> 디오니시우스는 도둑이다.
> 왜냐하면 그는 악하기 때문이다(1041b12).
> (도둑은 악한 존재의 표지이기 때문이다.
> 그래서 디오니시우스가 악하기 때문에, 그는 도둑이다.)

24장에 나오는 외견상의 엔튀메마에서 발견할 수 있는 본질적이며 일반적인 특징은 이 엔튀메마는 설득력이 없는 엔튀메마라는 점이다. 이것들은 엔튀메마인 것처럼 보이며, 엔튀메마처럼 생각되기 때문에 외견상의 엔튀메마이다. 그러나 이들은 어떤 합리적 근거나 설득을 위한 이유를 제공하지 않으므로 설득적이지 않고 '올바른 논증'이 아닌 것이다.

『수사학』 2권 23장의 받아들일 수 있는 엔튀메마와 24장에 나오는 받아들일 수 없는 엔튀메마에 관련하여 전자의 타당함과 후자의 타당하지 않음을 보이기 위해 입안할 수 있는 추론의 법칙은 없다. 또한 전자의 타당성을 증명하기 위해서 진리값을 매기는 방법도 의미가 없다. 여기서 발견할 수 있는 것은 받아들일 수 있는 엔튀메마는 합리적 추론을 만들기 위한 근거를 제공한다는 점뿐이다.

『수사학』 2권 21장의 부분을 살펴볼 때 아리스토텔레스의 엔튀메마에 대한 중요한 생각을 엿볼 수 있다. 격언(gnome)이 무엇인지를 설명한 후에 아리스토텔레스는 "엔튀메마는 그러한 것을 다루는 추론으로서 격언은 논증의 안정과는 별 문제로 생각되는 엔튀메마의 전제 혹은 결론이다"[54]라고 썼다. 아리스토텔레스가 말하는 격언이라는 것은 "우리 중에 참으로 자유로운 사람은 없다"와 같은 것이다. 그런데 거기에 이유와 설명을 붙이면 엔튀메마가 된다. 격언으로부터 오는 엔튀메마는 다음과 같다.

　　우리 중에 참으로 자유로운 사람은 없다.

---

54) 『수사학』 1394a26.

왜냐하면 우리 모두는 돈이나 요행의 노예이기 때문이다(1394b4).

이와 같이 엔튀메마로 생각될 수 있는 것은 추론에 설명이나 이유를 더해 추론을 구체화하는 진술이 덧붙여진다. 다시 말해, 엔튀메마는 설명이나 이유를 따라 추론을 구체화하는 진술이다. 그러한 이유와 설명이 없는 격언은 단순한 격언일 뿐이고 그러한 이유와 설명이 없는 엔튀메마는 가짜 엔튀메마이다.[55] 추론하는 데 있어 설득을 낳을만한 '이유'가 언급되지 않으면 그 논증은 실패한 논증이다. 또한 그 '이유'라는 것은 문체가 명료해야 한다. 즉 "p이다. q이기 때문이다"의 형식으로 표현되어야 한다. 아리스토텔레스는 격언에 의한 엔튀메마 중에서 가짜 엔튀메마를 예로 보이는데 그것을 보면 이해가 빠르다.

죽을 수밖에 없는 운명의 존재는 영원한 분노를 품지 않는다
(1394b21).

이것을 진짜 엔튀메마로 바꾸면 다음과 같다.

영원한 분노를 품는 것은 그릇된 것이다.
왜냐하면 영원한 것에 대한 포부를 갖는
사람은 존재하지 않기 때문이다.

아리스토텔레스는 이런 식으로 된 것만이 진짜 엔튀메마라

---

55) Eugene E. Ryan (1984), p.74.

고 말한다. 그가 생각하는 진짜 엔튀메마는 그 자체로 완전하고 더 이상의 설명이 필요치 않은 엔튀메마이다.

『수사학』 2권 23장, 24장, 21장을 근거로 하여 볼 때 아리스토텔레스에게 수사적 추론은 타당한가 혹은 타당하지 않은가의 범주에 종속하는 논증이 아님을 알 수 있다. 수사적 추론은 실제적 문제에서 설득력 있는 진술을 구성하는 논증이다. 그래서 어떻게든 그 진술을 위한 이유와 근거를 갖고 있어야만 한다. 설득을 위한 이유와 함께 설득력 있는 진술을 보일 때 수사적 추론은 완전하게 되기 때문이다.56)

아리스토텔레스는 수사적 추론을 변증법적 추론과 전혀 다른 지평에서 다루고 있음을 알 수 있다. 수사적 추론은 평가기준 자체가 변증법적 추론과 다르며 나름의 평가기준으로 볼 때에 그 자체로 완전한 논증이다. 변증법과 수사학의 목표상의 차이에서 본 바와 같이 그 둘은 전혀 다른 목표를 두고 전개된다. 변증법의 목표가 진리의 추구라면 수사학의 목표는 설득을 통한 구체적 행위이다. 설득을 해야 하는 상황에서 논증의 타당성을 따지는 것은 무의미하다는 것이 아리스토텔레스의 생각이다. 그의 진짜 엔튀메마를 보면 타당성과는 연관이 없고 설득적인 것에 초점이 모이기 때문이다. 아리스토텔레스에게 있어 수사학은 변증법에 대해 외관상 다른 양상을 보일 뿐 아니라 그 내용, 특히 추론 방식에 있어서도 독특함과 고유함을 가지고 있다는 것을 알 수 있다. 즉, 변증법과 수사

---

56) *Ibid.*, p.76.

학은 서로에게 있어서는 고유한 영역을 가지고 있을 뿐 아니라 각자의 고유한 추론을 통해 고유한 임무를 수행한다.

4) 토론의 논증 방식의 문제

토론의 논증은 토론의 상대방과 청자를 대상으로 하는 것이며, 논증을 펼치는 목적은 청자나 의사결정권자를 설득하는 데에 있다. 따라서 타당성만을 다루는 논리학의 개념은 논증의 형식적 올바름과 관련된 것이기 때문에 설득을 목표로 하는 현실적 상황에서는 무력할 가능성이 있다. 따라서 토론에 필요한 좋은 논증을 규정하는 데에 있어서, 논리학에서 말하는 형식적 측면의 올바름 이외에 설득력이라는 관점에서 보충을 필요로 한다. 수사학적 상황과 동일하게 토론의 상황에서도 논리적으로 완벽한 논증보다는 설득력을 가진 논증 방식이 필요한 것이다.

아리스토텔레스가 생각하는 진정한 수사적 논증 방식은 그 자체로 완전하고 더 이상의 설명이 필요치 않은 형식으로서 설득을 겨냥하는 모든 말하기에 적용된다. 현실의 설득적 상황에서 논리학의 삼단논증, 대표적으로 정언 삼단논증을 사용한다면 그 논의의 진위 여부를 떠나 설득력을 상실하게 될 것이다. 아리스토텔레스의 주장대로 설득을 요하는 모든 상황에서 화자의 주장은 "p이다. q이기 때문이다"의 방식으로 표현되어야 한다. 이러한 개념은 토론의 상황에서도 동일하게 적용된다.

또한 전제에 있어서도 토론의 논증 역시 주장을 뒷받침하는 논거의 활용이 중요하다. 하나의 논거는 많은 사람이 알고 있는 경험적이거나 구체적인 사례들을 통해 이루어진다면 더 설득력을 높일 수 있다. 이 또한 수사학에서 전제가 되는 것들은 전제들을 모아둔 말터, 즉 토포스에서 도움을 받을 수 있다. 토포스는 원래 '장소'라는 뜻으로 수사학에서는 화자가 활용 가능한 설득의 수단을 찾을 수 있는 곳이다. 개연적이지만 영향력이 있는 토포스를 전제로 하여 엔튀메마의 방식으로 논증하는 것이 아리스토텔레스 수사학의 핵심을 이룬다. 토포스는 상황에 따라 활동할 수 있는 논거들을 제공한다. 아리스토텔레스에게 엔튀메마가 논증 형식의 필수 요소라면 토포스는 무엇을 말할 것인가의 대답이다. 여기서 중요한 것은 토포스가 단지 전문적인 분야에만 국한되는 것이 아니라는 점이다.

토포스는 특수 토포스, 일반 토포스로 구분될 수 있다. 특수 토포스는 현재 담론의 주제와 관련된 것이다. 만약 현재 담론의 주제가 군대와 관련되었다면 군대에 대한 여러 정보들이 특수 토포스가 될 것이다. 일반 토포스는 하나의 주제에 얽매이지 않고 어느 상황에서나 가변적으로 사용할 수 있는 토포스이다. 일반 토포스의 예를 보면, '더 혹은 덜'에 대한 토포스가 있다. 이것은 '만일 두 가지 중 작은 것이 사실이라면, 큰 것 역시 마찬가지이다'로 정의될 수 있다. 만약 세금에 대해 현 상태를 유지하자는 측에서 세금을 올리자는 상대방을 공격하고자 할 때 이러한 토포스를 활용하면 "만일 나의 상대자가 빈곤층의 세금을 올린다면, 그는 중산층과 상류층의 세금도 분명히 올릴 것입니다"라는 식이 될 것이다. 이런 식으로 일반 토포스를 가지고 있으면 특수 토포스 못지않게 유용하게 상대편을 공격할 수 있다. 이러한 점에 착안하여 토론의 논거 발견에 많은 도움을 받을 수 있다.

설득력 있는 논증을 하기 위해서는 논리적인 측면에서만이 아니라 수사학적인 측면까지도 고려해야 한다. 논리적인 측면은 주장과 근거 사이의 논리적 관계가 분명하고, 나아가 주장의 근거나 이유 혹은 증거의 객관적인 신뢰도가 높아야 한다는 것을 의미한다. 그러나 논리적인 부분에서는 완벽한 논증이라고 하더라도 현실적 토론의 상황에서 청중들에게 아무런 설득력도 갖지 못하는 경우가 비일비재하다. 이것이 좋은 논증을 하기 위해 수사학적인 측면을 고려해야 하는 이유이다.

5. 나오는 말

토론은 기본적으로 논증적인 활동이다. 흔히 논증이라고 할 경우 화자가 주장하려고 하는 결론과 그 결론을 지지하는 일련의 전제들로 구성된 집합을 말한다. 토론은 단순히 주장들의 교환으로 이루어지지 않는다. 토론은 어떤 주장과 관련하여 갈등관계에 있는 양측이 자신들이 생각할 수 있는 좋은 이유들을 최대한 제시하고, 그 이유를 통하여 상대방을 합리적으로 설득하려는 시도이다. 토론이란 기본적으로 논증을 사용한 대화와 설득의 과정인 셈이다.

그런데 토론의 논증은 변증법이나 과학적 논증과는 구분되어야 한다. 토론의 맥락에서 논증은 토론의 상대방과 청자를 대상으로 하는 것이며, 논증을 펼치는 목적은 청자나 의사결정권자를 설득하는 데에 있는데, 논리학에서 말하는 타당성의 개념은 논증의 형식적 올바름과 관련된 것이지 설득력과는 큰 관계가 없기 때문이다. 수사학의 논증 방식에 주목하는 이유가 여기에 있다. 토론의 상황과 수사학적 상황이 별반 다르지 않은 이유는 두 상황 모두 설득을 목표로 한다는 점이다. 이러한 설득적 상황에서는 단순한 논리적 진술보다는 설득력을 가진 수사적 논증 방식이 필요하다. 수사적 논증 방식은 변증법적 논증 방식과 비슷하지만 전제와 형식에 있어 구분된다. 토론자가 변증법적 논증 방식에만 익숙하여 논의를 진행해 나간다면, 말은 맞는데 설득은 하지 못하는 모순된 상황에 직면하게 될 것이다. 토론에 있어 수사학적 정신과 수사학적 논증 방식을 인지하는 것이 꼭 필요한 이유이다.

그러나 토론에 대해 수사학이 갖는 한계는 토론의 상황과 수사학적 상황이 모든 점에서 일치하지는 않는다는 점이다. 일단 수사학은 연설에 관계된 학문이다. 아리스토텔레스만 봐도 연설의 장르를 예식연설, 재판연설, 심의연설로 제한하여 논지를 펴고 있다. 따라서 토론자는 토론의 상황에 맞게 능동적으로 수사학의 논증 방식을 적용해 내는 유연함이 필요할 것이다. 그런 의미에서 보면 한계라는 말 보다는 과제라는 말이 더 나을 것 같다. 다른 과제가 하나 더 있다면 토포스(말터)를 발굴해야 한다는 점이다. 개연적 토포스는 대다수가 인정하는 것이어야 함으로 그 시대와 상황에 맞게 발굴하는 것은 설득을 하기 원하는 사람에게 있어 필연적 과제라 할 수 있다.

제3장
설득과 수사학적 토론

1. 들어가는 말

아리스토텔레스의 『수사학』은 현대 수사학 연구에 큰 의의가 있다. 아리스토텔레스는 수사학을 설득을 위한 교범 수준이 아닌 설득 수단들의 근거를 분석하는 진정한 학문으로 연구하였기 때문이다. 고전적 개설서들에 개진된 모든 학술적인 요소들 또한 아리스토텔레스의 수사학 연구에서 크게 벗어나지 않으며, 그의 수사학에 대한 정의는 현대 이론가들과 비평가들 사이에서도 일반적인 것으로 받아들여진다.

아리스토텔레스는 수사학을 "모든 상황에서 누군가를 설득하기 위해 필요한 가능한 수단을 파악하게 해주는 기술"로 정의한다. 그는 설득이라는 말을 증명과 거의 동일한 의미로 사용하면서, 증명의 방식으로서 에토스(화자의 성품), 파토스(청자의 감정), 로고스(논증)의 세 가지 요소를 들고 있다.

이들 설득 수단 중에서 아리스토텔레스에게 가장 중요한 것은 로고스, 즉 '논증 자체에서 오는 수단'이다. 『수사학』1355a4 이하에서 설득(수단)을 가리켜 일종의 증명이라고 하는가 하면, 수사추론이 곧 수사논증이라고 말하는 것을 볼 때 아리스토텔레스는 기본적으로 설득 수단 중에서 수사적 추론 방식을 유일하게 참된 설득의 수단으로 간주한다고 볼 수 있다.

이 수사적 추론, 즉 수사적 논증 방식을 아리스토텔레스는 엔튀메마(enthymema)[57]라 명명한다. 엔튀메마는 설득을 목표로 하는 수사학의 독특한 상황에서 필요한 현실적 논증 방식이다. 특히 변증법 혹은 현대의 논리학과 구분되는 논증 방식으로, 논리적 삼단논법이 형태적으로 엄격하며 결론이 필연적인데 반해 엔튀메마는 형태적으로 탄력성이 있고 가변적 팽창력을 가진 추론 방식이다. 이러한 논증 방식이 필요한 이유는 논리의 형식적 측면에서는 올바르더라도, 현실적 측면에서 설득력을 갖기 힘든 경우가 많이 있기 때문이다.

일반적으로 논쟁적 글을 쓰거나 토론을 할 때 그러한 작업은 엄밀한 변증법적 논증의 장으로 간주되기 쉽다. 특히 토론의 상황에서 토론 참여자는 변증법적 논의를 통해 상대방을 압도하려고 모든 노력을 기울인다. 하지만 변증법적 훈련이 잘되어 있음에도 토론의 실전 상황에서 별다른 힘을 발휘하지 못하는 경우가 많이 있다. 이러한 모순은 대체로 토론 참여자가 토론의 수사학적 측면을 간과할 때 생기는 문제일 것이다.

---

57) 아리스토텔레스는 '엔튀메마(enthymema)에 대한 정확한 정의를 내리지 않는데 『수사학』 1권의 1546b5에 따라 '수사추론'으로 해석할 수 있다. 본 논문에서는 기본적으로 '엔튀메마'로 음역하며 '수사추론'도 함께 쓰겠다.

토론 참여자가 현실적인 설득력을 갖추기 위해서는 수사학에 대한 전반적 이해가 선행되어야 할 것이다. 특히 설득적 상황에 맞는 수사학의 독특한 논증방식에 대한 이해가 필수적이다. 수사적 논증 방식은 변증법적 논증 방식에 종속된 것이 아닌 독립적인 논증 체계를 갖추고 있는 것이다.

아리스토텔레스가 엔튀메마를 통해 구체화시키는 수사적 논증 방식은 변증법과는 다른 방식이긴 하지만 터무니없는 방식은 아니며 변증법만큼 무게가 있고 체계를 갖춘 논증 방식이다. 아리스토텔레스는 수사학이 단순히 변증법을 흉내 내거나 변증법의 응용학문에 머무는 것이 아님을 엔튀메마 연구를 통해 드러내고 있다. 그가 수사학을 변증법의 '상대항'으로 규정하는 것도 이러한 의미를 내포한다.

제3장에서는 아리스토텔레스의 엔튀메마에 대한 연구를 통해 수사학의 논증 방식이 변증법의 논증 방식과 구분되는 독특하고 독립된 논증 방식임을 고찰할 것이다. 이것은 논쟁적 상황, 특히 수사학을 사용하는 연설가와 마찬가지로 상대방을 설득시켜야 하는 위치에 있는 토론 참여자에게 도움을 줄 수 있는 논증 방식을 논하는 일이기도 하다. 먼저 2절에서는 변증법적 상황과 구분되는 수사학의 독특한 상황과 그에 따른 설득 방식에 대해 논할 것이다. 그리고 3절에서는 기술적 설득 방식 중 가장 중요한 엔튀메마의 기원과 다른 방식의 추론과 구분되는 엔튀메마의 독특한 위치에 대해 다룰 것이다. 마지막으로 4절에서는 엔튀메마의 구체적 구조와 실제 연설에서

의 논증 형식을 통해 변증법과 구분되는 고유한 수사적 논증 방식에 대해 고찰할 것이다.

2. 수사학의 영역

1) 수사학과 변증법

아리스토텔레스는 수사학이 변증법과 밀접한 관계가 있다고 역설하며, 두 분야 사이의 유사성을 다양한 방식으로 묘사한다. 그는 『수사학』 첫머리에서 "수사학은 변증법의 상대항이다(1354a1)"라고 주장한다. 여기서 수사학과 변증법의 공통점을 확인할 수 있다. 첫 번째 공통점으로 아리스토텔레스는 "변증법과 수사학 각각은 따로 구분된 어떤 학문에도 속하지 않고 양자가 대상으로 하는 것은 어느 정도까지는 모든 사람의 인식의 공유물을 다루는 것이다(1354a1-3)"라고 제시한다. 두 번째 공통점은 "수사학과 변증법만이 모든 기술에 있어 반대되는 것들을 증명할 수 있다(1355a33-35)"라는 사실과 문제의 양쪽 모두의 견해에 대한 논거를 발견하도록 허락한다는 점이다. 세 번째 공통점은 양쪽의 기술 모두 논증의 상황에서 논쟁 논변과 궤변으로 나아가 오용될 수 있다는 데 있다. 네 번째 공통점은 수사학과 변증법이 논증에 있어 그 자체로 가치가 있는 귀납법(epagoge)과 추론(syllogismos)이라는 증명수단을 제시한다는 점, 그리고 두 영역 모두 통념(endoxa)[58]과 토포스 (topos)[59]를 사용한다는 것을 들 수 있다.

상술한 바와 같이 변증법과 수사학의 공통된 핵심은 두 분야 모두 동의된 전제로부터 논증을 다룬다는 것이다. 그럼에도 공공의 장소에서 대중을 상대해야 하는 설득은 논증과 증거의 문제만은 아니고, 신뢰성과 감정적 상태의 문제이기도 하다.[60] 이것이 두 영역 사이의 두드러진 차이점이라 할 수 있다. 수사학이 논증뿐 아니라 감정적 부분까지 사용하는 데는 변증법적 상황과 비교해서 네 가지 차이가 있기 때문이다.

첫 번째 차이는 수사학이 계속되는 연설을 다루는 것임에 반해 변증법은 대화, 즉 질문과 대답을 다룬다는 점이다. 둘째로는 변증법과 수사학적 실행에 참가한 사람들의 집단의 구성과 크기의 문제이다. 세 번째는 목표의 차이이다. 주로 질문과 관계된 변증법의 제1 목적은 어떤 부류에서 진리에 이르는 것이고, 설득에 관계된 수사학의 목적은 공유된 의견에 도달하는 것임을 알 수 있다. 비록 각각의 참가자들이 똑같이 다른

---

58) 아리스토텔레스, 『변증론』, 김재홍 역 (서울: 까치글방, 1998), p.13 참조.
   특정한 인간집단에 관련해서, 가령 대부분의 사람들, 전문가 사회, 좋은 평판을 받고 있는 사람들에 의해서 받아들여질 때 임의의 '하나의 명제는 엔독소스(endoxos)하다'라고 말할 수 있다. 여기서 한 가지 기억해두어야 할 사항은 플라톤적인 의미에서의 에피스테메에 대응하는 '추측(무엇일 것이라는 생각)내지 판단(믿음, 의견)'을 의미하는 독사(doxa: 일반적인 의미로는 '평판'을 의미한다)의 의미로 해석해서는 안 된다는 사실이다.

59) *Ibid.*, p.59 참조.
   토포스(topos)란 논의의 출발점이 되는 '공통의 기반(터)'을 의미하는데, 변증법적 탐구에서 공통적으로 따라야만 하는 규칙 내지는 방법을 일컫는 말이다. 우리말로 '말 터' 따위로 번역할 수 있지만 토포스의 광범위한 뜻에 맞지 않는 듯하다. 그래서 번역하지 않고 원어 그대로 사용하기로 하겠다.

60) C. Carey, "Rhetorical means of persuasion", *Persuasion-Greek Rhetoric in Action* ed., Ian Worthington, (New York: Routledge, 1994), p.34.

사람이나 혹은 자신의 관점을 가지고 있는 구경꾼들을 납득시키려 할지라도 변증법의 제1 목표는 논쟁의 해결이 아니다. 변증법은 진리를 찾으려는 시도일 뿐이다. 네 번째 차이는 수사학과 변증법의 각각의 상황에서 다루어지는 주제의 문제이다. 각각의 기술은 어떤 주제를 다룰 수 있는 광범위한 능력이 있긴 하지만 그럼에도 수사학은 보통 "내일 함대를 보내야만 하는가?", "이 사람은 죄가 있는가?"와 같은 실제적이고 특별한 경우에 사용된다. 그러나 변증법은 "덕을 가르치는 것이 가능한가?"와 같은 이론적이고 보편적인 주제와 연관된다.[61]

이렇듯 변증법과 수사학은 비슷하기도 하지만 근본적으로 다른 영역에서 사용되기 때문에 서로 다른 방법을 추구하게 된다. 변증법은 대중의 뜻과는 무관하게 진리 자체만 추구하면 된다. 반면 대중을 상대해야 하는 수사학은 많은 제약이 따른다. 특히 이와 같은 차이점 때문에 수사적 상황의 연설가에게는 해결해야 할 과제가 생긴다. 공공연설에서 연설가가 계속적으로 엄밀한 변증 방식을 사용한다면 대중은 관심을 잃고 금세 산만해진다. 그러므로 연설가는 그들의 심리를 잘 파악해야 하며 논증을 펴더라도 대중이 받아들일 수 있는 논증 방식을 써야 한다. 수사학과 변증법을 보면 이 둘은 각각의 영역이 있기에 다를 수밖에 없으며 거기에 맞는 각각의 방식이 필요함을 알 수 있다.

---

61) E. C. Krabbe, "Meeting in The House of Callias: An Historical Perspective on Rhetoric and Dialectic", *Dialectic and Rhetoric*, ed., Frans H. Van Eemeren, Peter Houtlosser, (Boston: Kluwer Academic Publishers, 2002), p.35.

토론의 상황에서 수사학에 대한 이해, 특히 수사적 논증방식에 대한 이해가 있어야하는 것이 이와 동일하다. 토론 참여자는 청중과 상대방을 가르치기보다는 설득해야 할 입장에 서 있다. 따라서 변증법 혹은 논리적 형식의 전개를 넘어선 설득적 상황에서 힘을 발휘할 수 있는 독특한 수사학적 논의 방식을 사용할 필요가 있다.

2) 수사학의 설득 수단

아리스토텔레스는 연설을 연설가, 연설에서 다루어지는 주제, 연설을 듣는 청중으로 구성되는 것으로 간주한다(1358a37). 따라서 설득의 기술적 수단들은 연설가의 성품, 청중의 감정적 상태, 논증 자체에 있다. 즉 에토스·파토스·로고스로 증명되는 것이다.

여기서 에토스(ethos)란 연설가의 성품을 말한다. 연설에 있어 연설가가 신뢰할만한 사람으로 보이면 더 쉽게 설득에 도달할 수 있기 때문에 연설가에 대한 신뢰가 매우 중요하다고 할 수 있다. 연설가가 신뢰할만한 사람이라면 청중은 신뢰할 수 있는 연설가가 제안하는 진술을 진실하거나 받아들일 수 있는 것이라고 판단할 가능성이 크다. 이것은 의심은 되지만 정확한 지식이 없는 경우에 특히 중요하다. 연설가는 연설을 통해 덕스러운 성품, 선한 의도 등을 나타내야만 한다.[62]

---

62) 『수사학』1378a6.

또한 청중의 파토스(pathos)가 고려되어야 한다. 연설가는 청중의 심리 상태를 점검해야 하며 거기에 맞는 연설을 해야 하는데, 청중의 감정 상태에 맞는 '맞춤형 연설'을 해야 하는 것으로 이해할 수 있다.[63] 아리스토텔레스가 강조하는 정념들은 분노와 평온, 우정과 증오, 불안과 신뢰, 수치심과 파렴치, 친절, 동정, 분개, 선망, 경쟁심과 경멸이다.[64]

그런데 아리스토텔레스에게 설득 수단 중에서 가장 중요한 것은 '논증 자체에서 오는 수단(logos)'이다. 『수사학』1355a4 이하에서 설득(수단)을 가리켜 일종의 증명이라고 하는가 하면, 엔튀메마 곧 수사논증이라고 말하는 것을 볼 때 아리스토텔레스는 기본적으로 설득 수단 중에서 엔튀메마를 유일하게 참된 설득의 수단으로 간주한다고 볼 수 있다.[65]

3. 수사학의 논증과 엔튀메마

아리스토텔레스의 수사학에서 엔튀메마는 연설의 영역에서 증명과 논증의 기능을 담당한다. 왜냐하면 논증(apodeixis)은 추론(syllogismos)의 부류이고, 엔튀메마 역시 추론으로 불리기 때문이다. 엔튀메마라는 단어는 이미 아리스토텔레스의 이전 사람들에 의해 만들어졌으며, 원래 재치 있는 말솜씨, 좋은

---

63) C. Carey (1994), p.27.
64) 박성창, 『수사학』(서울: 문학과 지성사, 2000), p.48.
65) 한석환, 「아리스토텔레스 수사학의 철학적 기초」(『철학』, 74, 2003), p.46.

명언, 패러독스와 모순을 포함하는 간결한 논증을 나타내는 것이었다. 논증과 추론의 개념은 아리스토텔레스의 논리적, 변증법적 이론에서 결정적인 역할을 한다. 아리스토텔레스는 그 개념들을 수사적 기술들을 나타내는 수사학의 용어로 이용했다. 그러나 동시에 엔튀메마의 본래 의미들을 제한하며 성문화한다. 이것을 통해 아리스토텔레스는 엔튀메마라고 부르는 것이 추론의 형식이어야 한다는 것을 정확히 했다. 여기서는 먼저 아리스토텔레스의 수사적 추론인 엔튀메마의 기원에 대해 살펴보고, 그것이 어떠한 면에서 추론의 특징을 가지고 있는지 살펴보겠다.

1) 엔튀메마의 기원

(1) 이소크라테스의 엔튀메마

B.C 4세기의 첫 50년 동안은 아테네에서 새로운 교육 방식의 목표와 원칙에 대한 논쟁이 활발했다. 아테네의 이소크라테스(B.C 436~338)[66]는 교육의 이상적 기초로서 수사학을 주장했던 선생 그룹의 중요한 대표자였다. 그런데 그는 다른 수사학 선생들과는 달리 시민 사회의 책임 있는 구성원이 되

---

66) *Ibid.,* p.26 참조.
　　고르기아스의 제자로서 『소피스트들에 대한 반론』(B.C 391)과 『안티도시스』(B.C 351)에서 인간의 개인적이고 공동체적인 삶에서 낱말이 갖는 궁극적 가치와 인격 형성에 수사학의 근본적 특성을 강력하게 변호했다. 따라서 수사학을 정치가가 되기 위한 예비 수업 과목이나 자유 교육 과목들 속에서 필수 과목으로 책정하였다. 과학과 철학의 추상적 경향에 대해 그는 '의견'의 중요성을 회복시킴으로써 상식의 진실들을 제안하였다.

도록 제자를 훈련하는 것이 목표였다.

이소크라테스는 쓸데없는 추상적 철학과 유용한 실제적인 수사 교육을 분리해서 보았고 그 사이의 싸움을 '엄밀한 지식'과 '합리적 의견'의 대결로 묘사했다. 그의 생각에 사람의 개인적 생활에서나 혹은 공동체의 일원으로서나 절대적 지식의 이상은 도달하기 어려운 것이었다.67) 그러므로 그는 쓸모없는 것으로 간주되는 과학적 지식보다 그들에 관하여 옳은 의견을 가지는 것이 더 좋은 것이며, 이 의견들은 개연적인 것(eikos)에 기초할 수밖에 없다는 생각을 가지고 있었다.

어떤 것의 결과에 규칙적으로 일어나는 것을 관찰함으로써 원인과 결과의 규칙에서 통찰력을 가질 수 있다는 것이 이소크라테스의 생각이다. 그는 누군가 미래 사건들에 효과적으로 반응할 수 있도록 예상하는 능력을 주며, 이렇게 취득한 '지식의 줄기'는 어떤 주어진 상황에서 누군가의 행동을 결정하는 타당한 고찰을 형성하기 위한 논거의 원천이 된다는 점을 잘 알고 있었다.

이소크라테스 연설 『아레오파기티코스』는 이러한 요소를 잘 드러낸다(4-8). 이 연설에서 그는 아테네인들에게 아테네가 평화와 번영에 즐거워할 때 미래 정치적 문제들과 위험요소에 경계해야 함을 주장한다.68) 그의 주장은 그들이 처한 상황에서 맞지 않는 것처럼 보였다. 그렇지만 이소크라테스는 역사

---

67) J. A. E. Bons, "Reasonable Argument before Aristotle: The Root of The Enthymeme", *Dialectic and Rhetoric* ed., Frans H. Van Eemeren, Peter Houtlosser(Boston: Kluwer Academic Publishers, 2002), p.16.

68) *Ibid.*, p.17.

적 근거를 통해 그들이 경계심을 갖고 있어야 함을 입증했다. 그는 최고의 환경에 있는 도시들이 나쁜 정책들을 채택할 수 있으며, 안전하다고 느끼는 자들이 사실은 위험에 빠질 수 있다는 점을 논한다. 선하지 않은 것이나 악이 순수한 인류를 덮칠 수 있고, 누군가의 번영은 항상 변화가 가능하기 때문이다.

사람의 평생을 좌우하는 법률의 변화를 숙고할 때나 혹은 과거에 있었던 실제 변화의 많은 예들을 열거할 때 좋은 환경에 있음에도 미래를 경고한다는 것은 타당하지 않다. 그러나 이것은 연설의 영역에서는 타당한 것이 된다. 왜냐하면 연설의 영역은 이성적 논증의 상황으로서 엔튀메이스타이(enthymeisthai), 즉 '생각하기'와 '숙고하기'에 대한 사용의 여지를 주기 때문이다.69)

이소크라테스는 엔튀메이스타이와 엔튀메마를 개연성의 고찰과 역사적 사실에 대한 관찰에 근거한 추론의 영역에 의존하여 사용했다. 그러므로 이 단어는 논리적 단위나 혹은 명제에 관계된다는 의미에서 논리학의 양상을 가진다.

초기 반영 단계에서 엔튀메마의 사용은 세 가지 다른 특징을 갖는다. 첫째는 논리학의 요소이다. 이것은 사고의 배열과 마음의 작용에 관계하는 것이며, 개연성과 타당함이 공존할 수 있음을 나타낸다. 두 번째는 공동체적인 일치이다. 왜냐하면 논거는 개인적 경험뿐만 아니라 연설가와 청중이 동일하게 가진 근거와 공유된 지식의 저장소로부터 이끌어 낼 수 있기 때문이다. 이 지식의 저장소는 이성적인 것뿐만 아니라 비이

---

69) M. F. Burnyeat, "Enthymeme—Aristotle on the Rationality of Rhetoric", *Essays on Aristotle's Rhetoric*, ed., Amelie Oksenberg Rorty, (Berkeley: University of California Press, 1996), p.92.

성적 요소를 포함한다. 세 번째는 엔튀메마가 형식화된 문장이나 문장의 배치로 드러나게 된다는 것으로 엔튀메마는 문체로 표현된 논거나 생각이라는 것이다.

(2) 아낙시메네스의 엔튀메마

현존하는 수사학에 관한 최초의 안내서는 B.C 350년경 람프사코스의 아낙시메네스의 것으로 추정되는『알렉산더 수사학』이다.[70] 이 저작을 통해 증명의 유형에 의한 엔튀메마의 기술적 논법을 살필 수 있다. 아낙시메네스는 증명(pisteis)에 있어 두 범주를 구분한다. 처음 것은 '말과 동작, 사람 자체에서 오는' 증명이고, 둘째는 '사람들이 말하고 행동하는 것'에 대해 보충적인 증명이다. 이 범주는 이후에 아리스토텔레스가 기술적(entechnoi) 증명과 비기술적(atechnoi) 증명으로 각각 정의했던 것과 대략 일치함을 볼 수 있다.[71] 처음 범주는 개연성, 예증, 진짜 표지(tekmerion), 엔튀메마, 격언, 표지(semeion)와 논박이다. 두 번째 범주는 '연설가에 관한 의견'으로 구성된다. 즉 증인에 의한 증언과 고문과 맹세에 의한 증언이다.

핵심용어 에난티우메나(enantioumena)로 알게 되는 것은 모

---

70) Aristotle, *Rhetorica ad Alexandru* Trans. by H. Rackham(Cambridge: Harvard University Press, 1957), p.259 참조.
    이 책은 아리스토텔레스가 저자로 되어 있었지만 사실은 후대에 이 저작의 가치를 높이기 위해 서문에 알렉산더 대왕에게 바치는 글을 삽입하였고 그로 인해『알렉산더에게 바치는 수사학』이라는 제목을 달게 된 것이다. 아울러 아리스토텔레스의 저작으로 잘못 알려지게 되었다. 본 논문에서는『알렉산더 수사학』으로 부른다.
71)『알렉산더 수사학』1428a17-26.

순과 반대의 개념이 엔튀메마 사용의 핵심이라는 점이다. 『알렉산더 수사학』에 나온 몇 가지 논증 방식을 보면 첫째로 엑세타시티콘(exetastikon)은 상대방의 행위와 의도의 불일치를 공개하거나 혹은 그 행위에 의한 과거와 현재 사실에 관한 조사를 통해 상대방의 말의 불일치를 공개하는 것이다. 두 번째 원천은 연설이 어떠한 방식으로 그 자체를 반박하고 있는지 혹은 아닌지를 연구하는 것이다. 세 번째 원천은 상대방의 성품을 올바르고, 합법적이고, 마땅하고, 명예롭고, 정확한 것으로 생각하게 만드는 것들에 대해 반대하기 위한 연구이다. 아낙시메네스는 또한 엔튀메마가 형식에 있어 가능한 적은 수의 말(onomata)로 구성되어야 한다고 제시한다.[72]

엔튀메마에 의한 변론의 본질은 원칙적으로 성품(ethos)에 있는 것이 명확하다. 오직 연설가의 말에만 의존하는 것은 아니고 그의 행위를 이전 말과 행동에 비교함으로 가능하다는 말이다. 그리고 사건이 일반적으로 일어난 방법과 이전에 존재하던 개념을 비교하는 것이 엔튀메마의 원천이 될 수 있다. 『알렉산더 수사학』은 수사적 실행의 기초 위에서 보편화를 시도한다고 할 수 있다. 따라서 명백한 지식을 제공할 수 있는 표지(semeion)나 지시에 반대되는 것으로서 개연적 지식을 다룬다. 개연성(eikos)에 대한 엔튀메마의 접근은 1439a4-7에서 증명된다. 연설가는 엔튀메마를 통해 실례와 개연성에 근거하여 설득을 완성해야 한다. 그러므로 『알렉산더 수사학』은 대

---

72) *Ibid.*, 1430a36-3.

체로 개연성에 관해서만 이야기한다.[73]

여기서 표현된 개연성의 개념은 청중을 상대한다는 것에 기초한다. 엔튀메마의 효력은 공유된 지식의 줄기에 의존해야 하며 순전한 이성으로는 되지 않는다.[74] 경험적 지식과 공유된 의식의 의미에서 효력이 발생한다는 말이다. 주어진 실례는 전제라기보다는 오히려 일반적 주장이고 공통적 가치이다. 예를 들면, "나는 네가 잘 되길 바란다. 왜냐하면 우리는 친구이기 때문이다"라는 것은 친구는 친구인 상대를 돕는다는 일반적 개념으로서 공유된 지식의 기초 위에 있는 개연성으로 간주될 수 있다.

2) 추론으로서 엔튀메마

아리스토텔레스에게 논증의 형식은 귀납법(epagoge)과 추론 (syllogismos)[75]이다. 귀납법은 개별자에서 보편자로 진행되는 것으로 정의된다.[76] 추론은 행하는 어떤 것에서 추측과 가정을 통해 다른 어떤 것이 필연적으로 일어나는 논증이다.[77] 일

---

73) *Ibid.*, 1428a27-36. "개연성(eikos)은 청중의 마음 안에 실례에 의해 지지되는 진술이다. 예를 들면, 내가 어떤 이가 그의 나라가 위대해 지기를 갈망한다고 말했다는 것은 그의 친구들이 번창하고 그의 적들이 불행해지길 갈망한다는 의미로 말한 것이다. 각 청중은 동일한 문제 자체에 대해 욕구에 부합하는 각자의 의식을 가지고 있다. 따라서 우리는 항상 냉정한 청중을 만날 것이라는 생각을 품고 공유된 지식으로 연설에 주의를 기울여야만 한다"

74) J. A. E. Bons (2002), p.22.

75) 『분석론 전서』71a5.

76) 『토피카』105a13.

77) 『분석론 전서』24b18-20.

반적으로 아리스토텔레스는 문장의 형식을 통해 하나는 전제가 되고, 하나는 결론이 되는 연역적 논증을 중시한다. 그리고 전제로부터 도출한 결론인 추론은 전제에 의해서 보증된다.

일반적으로 연역법과 귀납법으로 번역되는 실로기스모스(syllogismos)와 에파고게(epagoge)의 개념은 다시 정립할 필요가 있다. 실로기스모스와 에파고게를 연역법과 귀납법으로 번역할 때 생기는 오해는 이것을 현대적 의미의 연역과 귀납으로 생각하는 것에 있다. 『수사학』에서 실로기스모스는 넓은 의미의 추론인데 연역이라고 번역하면 현대 논리학에서처럼 '엄밀한 형식을 갖춘 연역'으로 이해하기 쉽기 때문이다. 여기서 말하는 실로기스모스는 '엄밀한 연역적 추론'이라는 좁은 의미가 아니라 넓은 의미의 '추론(전제로부터의 결론)'을 말한다. 이런 넓은 의미를 생각해 볼 때 에파고게도 '귀납법'보다는 '귀납법적인 것'에 가깝다.

수사학에서 귀납적인 논증은 실례(paradeigma)이다. 다른 귀납적 논증에 대립되는 것으로 그것은 많은 개별적 사건들에서 하나의 보편적 사건으로 진행하지 않는다. 각각의 개별자들이 같은 종류 아래 분류되면 하나의 개별자들이 비슷한 개별자로 진행될 뿐이다(1357b25). 추론에 대해 살펴보면, 수사학에서 추론은 엔튀메마이다. 적절한 의미의 엔튀메마는 추론의 형식이 되는 것으로 기대된다. 그렇기 때문에 엔튀메마의 형식을 위한 최소한의 필요조건은 추론의 기본적 형식인 전제-결론의 형식이다. 이것은 엔튀메마가 주어진 진술을 위한 논거의 종류뿐만 아니라 진술도 포함해야만 하는 이유이다.

그러나 엔튀메마는 형식적으로 정확한 것이어야만 하는 것은 아니며, 보통의 변증적 논증보다 훨씬 짧아야 한다. 그러나 이것이 엔튀메마가 불완전성과 간결성에 의해 정의된다는 것을 말하지는 않는다.[78] 그보다는 전제의 내용과 숫자가 청중의 지적 능력으로 조정된다는 점을 말하는 것이다.

엔튀메마가 전제가 없거나 혹은 적은 전제를 갖는다는 것은 연설가가 할 수 있는 두 가지 실수의 가능성을 배제시킬 수 있다(1357a7-10). 연설가는 변증법적 추론의 방식으로 결론을 이끌어 낼 수도 있고, 아예 그런 것을 무시하고 결론을 이끌어 낼 수도 있다. 그런데 후자의 방식은 설득적인 것이 아니다. 왜냐하면 전제들이 동의되지 않았거나 혹은 그들이 받아들여지는 과정이 없기 때문이다. 전자의 방식은 역시 문제가 있는데 연설가가 또 다른 변증법적 추론의 방식에 의해 필요한 전제들을 이끌어야만 한다면 연설가는 결국 청중을 삼단논법의 긴 사슬로 이끌어야 할 것이기 때문이다. 몇 개의 삼단논법 단계들의 논증들은 변증적 실행에서는 일반적인 것이지만 연설가는 그러한 긴 논증들을 따르는 공공 연설의 청중을 기대할 수는 없다. 이것이 아리스토텔레스가 엔튀메마를 논할 때 최소한의 전제들로부터 와야 한다고 말한 이유이다.

따라서 아리스토텔레스가 생각한 수사학의 로고스적 수단은 단순히 변증법적 추론을 사용하는 것이 아니다. 수사학에

---

78) M. F. Burnyeat, (1996), p.91.

서의 로고스는 변증법의 흉내 내기가 아닌 수사적 상황에 맞는 고유한 논증 방식이다. 아리스토텔레스의 수사학에 대한 가장 큰 공헌은 바로 변증법적 추론과 수사적 추론을 분리해 낸 것이라 할 수 있다.

4. 엔튀메마의 구조와 특성

1) 엔튀메마의 구성

수사적 상황에서 연설가는 전문지식을 소유한 전문가가 아니다. 또한 청중도 비전문가이며 대부분 추론의 지속적 훈련이 안 되어 있어서 논증의 긴 사슬을 따라올 수 없는 사람으로 구성되어 있다. 따라서 연설은 어떤 제약이 부과되어야만 한다(1357a1-22). 형식적 완벽함보다는 대중에게 호소할 수 있는 방법을 찾아야 하는 것이 수사적 상황의 독특성인 것이다. 이것은 개연성과 우연의 영역인 엔튀메마의 기능이 형식적 논증에 머물러 있어서는 안 된다는 것을 의미한다. 하지만 형식이 간결하다는 점이(1419a19) 엔튀메마를 전제 중 하나가 감추어진 '요약된 삼단논법'으로 여겨야 한다는 것을 의미하지는 않는다. 또한 형식이 중요치 않다는 것은 수사적 추론이 논리학과 같은 엄밀한 형식을 목표로 하지 않는다는 의미이지 아예 무턱대고 주장해도 된다는 의미는 아니다. 엔튀메마가

영향력을 발휘하기 위해서는 확실한 논변과 진술로 구성되어야 하기 때문이다.[79]

합리적 논변이 되려면 논변 자체에 합리적 구성을 가지고 있어야 한다. 아리스토텔레스는 수사적 상황에서 논증의 핵심이 되는 엔튀메마를 구성하는 네 가지 형식을 개연적인 것(eikos), 실례(paradeigma), 진짜표지(tekmerion), (가짜)표지(semeion)로 구별한다(140213-4). 이것들은 각각 수사적 논증에 네 가지 기초를 제공하는 것들이다. '실례에 기초를 두고 있는 논증', 곧 예증추론은 대전제가 통념(endoxon)이 아니다. 예증추론은 하나 혹은 그 이상의 실례를 통해 개연적이게 된다. 그래서 그것은 '개연적인 것에 기초를 두고 있는 논증'과 구별된다. 또 진짜 표지는 넓은 의미의 표지의 특수한 경우이다.[80]

그래서 아리스토텔레스는 개연적인 전제들로부터 주어진 엔튀메마와 표지로부터 주어진 엔튀메마를 구별하며(1357a32-33), 다른 부분에서는 엔튀메마가 개연성과 실례와 진짜표지와 표지에 기초한다는 것을 말한다(1402b12-14). 실례와 표지는 통념에서 오는 전제는 아니지만 엔튀메마의 전제로서의 역할을 할 수 있다는 말이다.[81] 엔튀메마의 원천에 대한 목록이 연설, 비극,

---

79) J. A. E. Bons (2002), p.25.

80) 한석환, 「아리스토텔레스와 수사적 논증의 문제」(『서양고전학연구』, 25, 2006), p.229 참조. 그럴듯함에서 출발하는 엔튀메마는 통념(endoxa)에서 출발하는 엔튀메마이기도 하다. 통념은 수사학의 틀 안에서 무조건적으로 참으로 간주되는 또는 그럴듯한 것으로 여겨지는, 보편적으로 퍼져 있는 견해이다. 인식론적으로 통념에는 대개 개연성만 부여된다.

81) 각각의 분류는 전제들이 동의된 의견들이어야만 한다는 개념을 저촉하지 않는다. 즉 표지에 관하여 청중은 그들이 존재한다는 것을 믿어야만 하고 그들이 그 다른 어떤 존재를 가리킨다는 것을 동의해야만 한다. 개연성에 관하여 사람들은 어떤 것이 일어날 것 같다는 것을 동의해야만 한다.

다른 문학적 원천들로부터 주어진 실례에 의해 수반되는 것을 보면 알 수 있다. 『수사학』 둘째 권에서 아리스토텔레스의 파토스와 에토스에 대한 언급은 습관적 인간 품행과 행동의 방식에 있어서 다양한 목록을 제공한다. 파토스와 에토스는 일반적 진술을 개연적이게끔 하는 데 도움을 주며, 그 진술을 합리적 논변으로 변화되게끔 하는 것임을 알 수 있다.

표지 논증이나 표지 엔튀메마를 보면 연설가는 주어진 사실을 너무 자세히 설명하려고 해서는 안 된다는 것을 알 수 있다. 연설가는 어떤 것이 존재하거나 사실임을 간단히 말해야 한다. 그리고 표지 엔튀메마의 유형을 예를 들어 살펴보면 "지혜로운 사람들은 의롭다, 소크라테스가 의롭기 때문이다"라는 것은 전제가 진실임에도 불구하고 언제나 논박될 수 있다. 이것은 타당한 추론이 아니라는 말이다. 반면 "그는 병들었다, 그는 열이 있기 때문이다"라는 표지 논증은 전제가 사실이라면 결코 논박되어질 수 없다. 왜냐하면 어떤 이가 아프지 않으면서 열이 있거나 혹은 어떤 이가 출산을 하지 않았으면서 모유를 가지는 것은 가능하지 않기 때문이다. 그래서 표지 엔튀메마의 후자의 유형은 필연적 의미를 함축하는 테크메리아 (tekmeria)로 불린다.

엔튀메마의 전제는 개연적 전제이지만 때에 따라서 귀납법의 수사적 양상인 실례와 표지는 엔튀메마의 전제로 사용될 수 있다. 즉 엔튀메마는 보통 개연적인 것에서 출발하지만 실례로부터 출발하면 예증추론이 되는 것이고, 올바른 표지로부터 출발하면 표지추론(tekmerion)이 된다.

엔튀메마는 형식적인 측면에서 그러한 것일 뿐 실제적인 내용이 되지는 못한다. 연설가가 어떤 형식에 의해 논증할 것인지를 생각할 때는 엔튀메마의 형식으로 하면 되지만 말하려고 하는 것의 실제적 논거가 필요하다. 그중 『수사학』에서 가장 중요하게 다루어지는 것은 토포스(topos)이다.

2) 엔튀메마와 토포스

연설가가 주제를 갖고 빈틈없이 제한된 명제를 변환시킨다면, 일단 그 주제를 발전시키기 위한 작업을 하게 된다. 만약 연설가가 설득력 있는 화법을 가지고 있다면 다음으로 주제를 발전시킬 '논거들'을 찾아야만 한다. 특히 연설가가 이성적 호소의 사용을 결정한다면 논거를 귀납이나 추론으로 발전시키게 된다. 연설가가 추론으로 주장하려 한다면 변증법적 추론이나 이와 비슷한 엔튀메마에 의지하게 된다.[82] 그가 귀납적으로 주장하려 한다면 그는 변증법의 귀납법이나 혹은 수사학의 실례에 의지하게 된다. 그러나 로고스든 파토스든 호소하는 모든 방식에서 논증하는 사람은 말하려는 실제 내용을 갖고 있어야만 하며, 그것을 찾아내야만 한다. 이 작업이 없다면 실제적인 상황에서 엔튀메마는 무용지물이 되고 말 것이기 때문이다.[83] 그 말하려는 것에 대한 원천적 역할을 하는 것이 토

---

82) E. P. J. Corbett, *Classical Rhetoric for the Modern Student* (Oxford: Oxford University Press, 1965), p.95.

포스이다.

토포스의 사용은 프로타고라스와 고르기아스, 이소크라테스와 같은 초기 수사학자들에게서 기원을 찾을 수 있다. 토포스(topos)라는 단어는 대개 계속되는 장소의 물건들과 관련된 목록표로서 엄청난 숫자의 항목을 암기하는 고대의 방법과 관련이 있다. 그것은 길을 따라 집을 기억하면서 관련된 항목들을 기억하는 방법이다.[84] 그러나 아리스토텔레스에게서 토포스의 개념은 주어진 결론을 위해 논증을 추론해내는 변증가나 수사가에게 힘을 주는 일종의 도식이나 혹은 전제가 되는 일반적 가르침으로 변화된다.

아리스토텔레스는 토포스의 개념을 정확히 정의하지는 않는데 그의 토포스를 보면 단순히 정의될 수 없는 방대함이 있다. 전형적인 아리스토텔레스의 토포스를 보면, "사건에 있어 반대되는 것을 보게 되면, 그것이 당면한 사건의 주제에 속하는지 아닌지를 보라. 왜냐하면 후자에 속하면, 전자엔 속할 수 없기 때문이다. 왜냐하면 모순되는 진술이 동시에 같은 것에 속한다는 것은 불가능하기 때문이다(113a20-24)"와 같다. 이처럼 토포스라는 것은 일반적 가르침의 성질을 포함하며 사례를 만드는 것으로 사용될 수 있는 논증의 유형 혹은 배열인 것이다.[85] 결국 토포스는 주어진 도식을 판단하는 일반적 규칙과 원리에 의존하며, 종종 실례의 논의를 포함하기도 한다.

---

83) C. Perelman, *The Realm of Rhetoric* (Indiana: University of Notre Dame Press, 2003), p.21.

84) 『토피카』163b28-32.

85) James A. Herrick, *The History and Theory of Rhetoric*, (Boston: Allyn and Bacon, 2001), p.84.

아리스토텔레스의 『토피카』는 변증적 논증의 구성을 위해 몇백 토포스를 싣고 있다. 이 토포스의 목록은 변증가가 연역적 형식에 의해 쓸 수 있는 조직적 방법을 형성하는 것이며, 또한 변증론의 핵심이 된다. 『수사학』에서 엔튀메마의 구성을 위해 기본적으로 주어지는 토포스 또한 『토피카』의 토포스 목록처럼 체계화되어 있다.

토포스는 중립적인 도구와 같다. 먼저 논증하려는 사람이 주어진 결론을 위한 적절한 토포스를 선택한다고 가정 하자. 결론은 논박하기 원하는 반대자의 논제이거나, 세우거나 방어하려고 하는 자기 자신의 주장이다. 이때 토포스의 두 가지 사용법이 나타날 수 있다. 즉 토포스는 주어진 문장을 '증명'하는 데 사용하거나, '반증'을 드는 데 사용할 수 있다. 어떤 토포스는 증명과 반증 각각의 목적을 위해 사용될 수 있고, 증명과 반증 중 하나를 위해 사용되는 것도 있다. 대부분의 토포스는 주어진 결론에 대해 확실히 뒷받침할 수 있는 것이어야 한다. 예를 들어, 결론이 '정의'를 언명한다면 '정의'에 적합한 토포스들의 목록으로부터 토포스를 선택해야만 한다. 일단 주어진 결론에 적합한 토포스를 선택했다면 토포스는 주어진 결론이 도출되어질 수 있는 것이며, 전제를 설정하는 데 사용될 수 있다. 도출된 전제가 동의된다면 변증적 논쟁의 반대자들이나 공공연설의 청중에게서 의도한 결론을 이끌어 낼 수 있다.

3) 엔튀메마의 형식적 특성

엔튀메마와 변증법적 추론의 차이는 무엇보다 그들이 진행되는 방식에 있다. 변증법에서 동의될 수 있는 논증은 변할 수 없는 원칙에 근거를 둔 전제들이 배열되어야 하며, 결론에 도달하기 위해 사용되는 단계마다 그 명제를 하나도 빠짐없이 진술해야만 한다.

그러나 수사학은 그 전제에 있어 '형식적 완전함'으로 불릴 수 있는 어떤 것도 요구하지 않는다. 그러한 형식적 완전함에 대한 요구는 형식적으로 완전하지 않은 논증은 강력하지 않을 것이라는 생각에서 올 수 있다. 그러나 이러한 생각은 현실의 논쟁 과정에 들어가면 사실이 아니라는 것을 알 수 있다. 짧지만 예리한 논증은 더 길고 복잡한 논증보다 더욱더 강력한 논증이 될 수도 있다. 수사학은 설득력 있는 논증을 사용하며, 그런 논증을 만드는 것이기 때문에 형식적 완전함이 중요하지 않다. 수사학에서 요구되는 것은 형식적 완전함이 아니기 때문에 엔튀메마는 그 자체로 완전한 논증이 된다.

변증법적 추론과 수사적 추론 사이의 구체적 차이를 살펴보면 그들이 의존하고 있는 토포스와 통념의 종류가 다르다는 것을 알 수 있다. 엔튀메마는 통념들 중 하나를 단순히 고쳐 말하거나 그것을 단순히 언급함으로써 엔튀메마를 형식화할 수 있다. 예를 들면, "온화하게 되는 것은 좋은 것이다. 왜냐하면 난폭하게 되는 것은 나쁘기 때문이다(1397a10)" 같은 식이다.

변증법적 추론은 이와는 다른데, 그것은 통념에 기초한 한 전제에 다른 전제를 더하는 식으로 진술된다. 『토피카』에 나타난 변증법적 추론의 예를 보면 다음과 같다.

> 시샘이란 어떤 성실한 사람의 외견상의 성공을 보고 마음이 쓰린 것이다.
> 선한 사람은 다른 선한 사람의 성공에 고통을 느끼지 않는다.
> 그러므로 훌륭한 사람은 시샘이 심하지 않다.[86]

두 번째 전제는 일반적인 통념이지만 처음 전제는 윤리학으로부터 정의 내려졌다. 엔튀메마는 통념에 바로 의존한다는 점에서 이와 같은 변증법적 추론과 다름을 알 수 있다.

또한 『수사학』 2권 21장을 살펴볼 때 엔튀메마의 형식에 대해 중요한 부분을 알 수 있다. 여기서 아리스토텔레스는 격언(gnome)이 무엇인지를 설명한 후에 격언에 대해 논증의 안정과는 별문제로 생각되는 엔튀메마의 전제 혹은 결론[87]이라고 주장했다. 아리스토텔레스가 말하는 격언은 "우리 중에 참으로 자유로운 사람은 없다"와 같은 것인데 여기에 이유와 설명을 붙여 "우리 중에 참으로 자유로운 사람은 없다. 왜냐하면 우리 모두는 돈이나 요행의 노예이기 때문이다"라고 하면 격언에 근거한 엔튀메마가 되는 것이다.

이와 같이 엔튀메마는 어떠한 진술에 설명이나 이유를 더해 추론을 구체화하는 진술이 덧붙여지는 것이다. 진술에 더해

---

86) 『토피카』109b35.
87) 『수사학』1394a26.

이유와 설명이 없는 격언은 단순한 격언일 뿐이고 다른 모든 경우에도 이유와 설명이 없는 엔튀메마는 가짜 엔튀메마로 취급된다.[88] 추론하는 데 있어 설득을 낳을만한 '이유'가 언급되지 않으면 그 논증은 실패한 논증이며, '이유'가 더해질 때도 그 형식은 명료해야 한다. 즉 "p이다. q이기 때문이다"의 형식으로 간단하고 명료하게 표현되어야 한다. 따라서 아리스토텔레스는 격언에 의한 엔튀메마 중에서 "죽을 수밖에 없는 운명의 존재는 영원한 분노를 품지 않는다"(1394b21)와 같은 것은 가짜 엔튀메마의 예로 제시한다. 이것을 진짜 엔튀메마로 바꾸면 "영원한 분노를 품는 것은 그릇된 것이다. 왜냐하면 영원한 것에 대한 포부를 갖는 사람은 존재하지 않기 때문이다"가 될 것이다. 아리스토텔레스는 이런 식으로 된 것만이 진짜 엔튀메마라고 말한다. 그가 생각하는 진짜 엔튀메마는 그 자체로 완전하고 더 이상의 설명이 필요치 않은 엔튀메마이다.

엔튀메마는 실제적 문제에서 설득력 있는 진술을 구성하는 논증이다. 그래서 어떻게든 그 진술을 위한 이유와 근거를 갖고 있어야만 한다. 설득을 위한 이유와 함께 설득력 있는 진술을 보일 때 엔튀메마는 완전하게 되기 때문이다.[89] 엔튀메마는 평가기준 자체가 변증법적 추론과 다르며 나름의 평가기준으로 볼 때에 그 자체로 완전한 논증이다. 변증법과 수사학 각각은 전혀 다른 목표를 두고 전개된다. 변증법의 목표가 진리

---

88) Eugene E. Ryan, *Aristotle's Theory of Rhetorical Argumentation*, (Montreal: Les Editions Bellarmin, 1984), p.74.

89) *Ibid.*, p.76.

의 추구라면 수사학의 목표는 설득을 통한 구체적 행위이다. 설득을 해야 하는 상황에서 논증의 타당성을 따지는 것은 무의미하다는 것이 아리스토텔레스의 생각이다. 변증법과 수사학은 서로에게 있어서 고유한 영역을 가지고 있을 뿐 아니라 각자의 고유한 추론을 통해 고유한 임무를 수행한다.

5. 나오는 말

아리스토텔레스는 『수사학』에서 아낙시메네스의 『알렉산더에게 바치는 수사학』에서처럼 연설에 대한 단순한 지침을 주거나 또는 연설가가 상황에 맞게 적절히 내용만 바꾸면 되는 견본을 마련하는 데 그치지 않고, 수사 실무 현장에서 사용되는 논증방식과 설득기술의 효과의 근거까지 탐구하였다. 이것은 수사 기술적 지식의 힘과 한계를 함께 파악하는 일이기도 하다. 그렇기 때문에 아리스토텔레스에게 있어 수사학은 말 그대로 학문이 된다. 그는 설득을 위한 수사술이 아닌 설득적 요소를 찾아내는 진정한 학문으로 수사학의 위치를 올려놓았다. 이것이 아리스토텔레스의 수사학이 현대에 있어서도 의미가 있는 이유이다.

아리스토텔레스 수사학의 목표는 단순한 설득을 제공하는 것이 아닌 어떠한 논증에라도 적합한 설득의 수단을 제공하는 것에 있다. 그리고 이 수단들은 세 가지 요소, 즉 연설가의 에토스, 청중의 파토스, 그리고 논증 자체인 로고스를 찾아내는 방향으로 향하게 된다.

그런데 보통 쉽게 오해할 수 있는 것이 수사학에서 에토스, 파토스, 로고스의 세 가지 설득 수단이 있다고 하면 로고스적 측면은 변증법이 아닌가 하는 것이다. 아니면 변증법적 추론의 흉내 내기 정도로 생각할 수 있다. 엔튀메마의 영어 음역인 'enthymeme'을 우리말로 번역할 때 '생략 삼단논법'이라 부르며 뭔가 부족한 삼단논법 정도로 생각하는 것을 보면 알 수 있다.

그러나 아리스토텔레스는 이 로고스적 측면에 대해서 변증법이 아닌 수사학만의 고유한 방식을 제시한다. 수사학이 변증법처럼 삼단논법의 긴 사슬을 이용할 수 없는 이유는 수사적 장소에 처한 독특한 상황 때문이다. 그 상황은 수사학이 대중을 상대한다는 점이다. 대중은 배우지 못한 자들이 섞여 있으므로 논증의 긴 사슬을 따라오기가 매우 힘들다. 그리고 수사적 장소의 목표는 변증법처럼 진리 추구의 문제가 아닌 설득의 문제이므로 그때그때 다양한 방법이 요구되는 것이다.

이러한 '수사적 상황'의 특수함에 대처하는 수사학의 논증 방식은 토론의 논증방식에 대한 반성을 갖게 한다. 수사적 상황은 설득을 목표로 하는 상황인데 이는 토론의 상황과 많은 유사함이 있다. 그런데 청중과 상대방을 설득시켜야 하는 토론 참여자들은 많은 경우 변증법적 혹은 논리적 논증에만 치중하는 경우가 많이 있기 때문이다. 이러한 경우 토론 참여자는 '말은 맞는데 설득력은 떨어지는' 모순된 결과를 맞게 되는 경우가 있다. 토론 참여자는 변증법과 수사학의 차이를 인식하고 설득을 목표로 하는 논증방식에 대한 준비가 되어 있을 때 더욱 효과적인 토론을 수행할 수 있을 것이다.

수사적 로고스인 엔튀메마는 변수가 많은 복잡한 현실에서 사용하는 것이기 때문에 변증법에 비해 많은 제약이 따른다. 이러한 특수성으로 인해 엔튀메마는 나름의 방식으로 진행되는 것이다. 그러나 아리스토텔레스가 말하는 수사적 상황에서의 이상적 로고스는 변증법처럼 엄밀한 형식으로 나아갈 수는 없지만 이성적 방법으로 수행되어야 하는 것이다. 아리스토텔레스의 분석에 의하면 변증법이 연역적 추론과 필연적 토포스를 전제로 사용하는 데 반해 수사학은 엔튀메마의 방식과 개연적 토포스를 사용한다. 그리고 사실 변증법적 추론과 엔튀메마를 비교해 보면 이 둘은 단순 비교가 안 될 만큼 다른 양상으로 전개되는 것을 알 수 있다.

아리스토텔레스가 수사학에 대해 공헌한 점은 수사학을 변증법의 '상대항'으로 위치시킨 점이다. 그가 엔튀메마를 통해 구체화시키는 수사적 논증 방식은 변증법과는 다른 방식을 쓰긴 하지만 그것이 터무니없는 방식은 아니며 변증법만큼 무게가 있고 체계가 있는 것이다. 이것은 아리스토텔레스 수사학뿐만 아니라 일반적인 현대의 수사학을 대할 때에도 아주 중요한 관점이다. 이것을 받아들일 때 합리적으로 변증하는 것이 가능한 것처럼 합리적으로 설득하는 것이 가능해지기 때문이다.

제4장
토론과 수사학의 논거발견술

1. 들어가는 말

과거 권위주의 시대를 벗어나긴 했으나 여전히 민주사회로 이행 중인 한국 사회는 혼란의 시대를 살아가는 여느 사회와 마찬가지로 많은 갈등 상황을 겪고 있다. 그러한 갈등 상황을 타개하기 위해서는 그 갈등의 본질을 다루는 작업이 선행되어야 하며, 이에 못지않게 갈등의 상황에서 어떻게 대처해야 하는지에 대한 교육도 절실할 것이다.

어떤 형태의 갈등이든, 갈등 상황을 바람직한 방향으로 해결하기 위해서는 함께 이야기를 나누는 것이 필요하다. 이때 요구되는 것은 감정적인 대응이 아니라 합리적인 대화, 합리적인 토론이어야 할 것이다. 당면한 여러 문제를 해결하기 위해 토론에 참여한 사람은 상대방에게 논증을 제시해야 한다. 논증이란 어떤 근거와 함께 어떤 주장을 제시하는 것인데, 이때 논증이 담당하는 기능은 기본적으로 설득이다. 결국 토론의 중요한 목적은 상대방을 설득하는 것이다.

토론이 자신의 주장을 설득적으로 개진해야 한다는 점은 토론에 대한 수사학의 기여 가능성을 갖게 한다. 수사학은 어떠한 논증에라도 적합한 설득의 수단을 제공하는 것이 그 목표이기 때문이다. 그러나 송신자와 수신자가 메시지를 주고받는 과정에서 핵심적인 메시지를 구성하는 수사학이 그동안 대체로 부정적으로 사용되어 온 사실은 부인할 수 없다. 수사라는 단어가 정치와 정치인과 만나면 더욱 그러하다.

하지만 이러한 수사학에 대한 부정적 견해들은 수사학의 시초인 소피스트에 대한 플라톤의 견해가 현대까지 영향을 미치는 결과이다. 그는 이 학문에 대해 형태적 요소의 우아함과 공허한 소리, 의미체의 매력으로 대중의 '감정을 동요'시키는 데만 주력하는, 순전히 '설득'의 형태적 연습에 지나지 않는다고 생각했다.

수사학에 대한 연구가 그동안 미미했기 때문에 이러한 오해는 지속하게 되었는데, 커뮤니케이션 이론의 발전을 위해서는 수사학에 대한 관심이 필요하다. 학교 현장에서뿐 아니라 일상에서 대화의 수사학을 통한 언어적 커뮤니케이션은 면대면, 또는 매개와 재매개를 거쳐 직접, 혹은 간접으로 영향을 주고받는다. 커뮤니케이션의 여러 양상인 생각하기, 말하기, 글쓰기는 수사학을 기반으로 하여 발전할 때 그 본연의 목표인 설득력을 확보하게 될 것이다.

아리스토텔레스는 수사학의 설득 수단을 세 가지 요소, 즉 연설가의 에토스(성품), 청중의 파토스(감정), 그리고 논증 자체인 로고스를 찾아내는 방향으로 상정한다. 그리고 이러한 수단들은 이후 그와 많은 수사가들을 통해 5가지 규범, 즉 착상(발상), 배열, 표현, 발표, 기억의 과정으로 구체화된다. 착상은 관련 쟁점을 정의하고, 연설자의 입장을 뒷받침하는 주장을 만들고, 입장을 뒷받침하는 증거를 찾는 것이다. 배열은 수사학의 순서를 정하는 것이며, 표현은 비유를 사용하는 것과 같이 연설의 기술적 부분을 말한다. 기억은 실연을 할 때 연설 내용을 회상하는 것과 연설에 사용된 정보의 회상을 말한다.

제4장에서는 이러한 수사학의 구성 단계 중에서 착상에 주목하고자 한다. 수사학의 착상은 토론의 논거 발견과 중첩되는 부분이 많으며, 현재 토론자들이 사용하고 있는 논거 발견에 있어 새로운 아이디어를 제공한다. 아리스토텔레스에게 설득 수단 중에서 가장 중요한 것은 '논증 자체에서 오는 수단(logos)'이다. 따라서 그는 변증법과 구별된 상황에서 수사학만의 고유한 논증 방식인 수사 추론에 대해 논한다. 그러나 수사 추론은 논증 방식에 대한 것이고, 실제적 내용은 되지 못한다. 수사 추론의 전제 혹은 논거가 될 수 있는 것이 필요한데, 이러한 것들은 전제들을 모아둔 말터, 즉 토포스로 표현된다. 토포스는 원래 '장소'라는 뜻으로 수사학에서는 화자가 활용 가능한 설득의 수단을 찾을 수 있는 곳이다. 토포스는 상황에 따라 사용할 수 있는 논거들을 제공한다.

제4장에서는 수사학과 토론의 공통 성격에 대해 논한 후,

수사학의 구조에 대해 살펴볼 것이다. 그리고 수사학의 착상의 단계에서 논거의 역할을 담당하는 토포스가 토론의 논거발견에 어떻게 기여할 수 있는지 논하고자 한다.

2. 토론과 수사학

1) 공공의 영역

인간은 삶의 전 영역에서 말과 더불어 생활하고 있다. 가족, 친구, 선후배, 직장 동료 등 많은 사람들과 말을 주고받으며, 또 지하철에서의 안내 방송, 텔레비전과 라디오 방송, 신문 보도 등 다양한 매체를 통해 주로 말로써 타인과 의사소통을 하고 있다.

이러한 갖가지 의사소통 행위를 말하기 중심으로 볼 때, 말하기는 크게 사적 말하기와 공적 말하기로 구분할 수 있다. 그렇다면 사적인 말하기와 공적인 말하기를 나누는 기준은 무엇인가?

첫째, 말하기에서 다루어지는 주제나 문제가 사적이냐 아니면 공적이냐 하는 점이다. 예를 들어 자신의 취미를 누군가와 나눈다고 생각해 보자. 이는 사적 말하기에 해당한다. 취향의 문제는 전적으로 사적인 영역에 속하기 때문이다.

둘째, 말하기와 듣기 상황이 사적인 상황이냐 아니면 공적인 상황이냐 하는 점이다. 예를 들어 두 사람이 한 방에서 대화를 나누었다고 해도, 면접을 보거나 회의를 했다면 공적 말하기에 속한다. 또한 총학생회장의 발언, 교수의 강의, 아나운서의 인터뷰 등은 기본적으로 공적인 상황에서 말을 하므로 공적 말하기라 할 수 있다.

수사학은 청중에게 연설자의 말에 따라 행동할 것을 요구하는 것이다. 원래 수사학은 논의된 주제에 대해 어떤 반응을 보여야 할 청중 앞에서 행해졌다. 왜냐하면 수사학은 공공적인 행위로 간주되었기 때문에 개인 간의 사적인 대화는 그것이 속성상 설득적이라고 하더라도 수사학으로 취급되지 않았다. 수사학의 기원을 따져보면 수사학적 전통은 사람들에게 공적인 연설의 텍스트만이 수사학적 기능을 갖는다는 생각을 하게 하였다. 이러한 텍스트의 특성은 다음과 같다.

첫째, 수사학적 텍스트는 근본적으로 구어적이다. 글이나 문장이 아니라 말을 통해 소통해야 하는 것이다. 둘째, 수사학은 기본적으로 설명적인데, 이는 그 안에 주장과 그것을 뒷받침하는 내용이 들어 있어야 한다는 뜻이다. 셋째, 수사학은 불연속적인 특성을 가지고 있다. 이는 수사학의 주제가 특정한 범위 내에 한정되는 것이라는 의미이다. 연설은 연설자가 말을 시작할 때 수사학이 시작되는 것이고, 말을 마치면 수사학도 끝나는 것이다.

수사학자들은 연설의 공공적 측면에 주목하고 연설자와 청중 사이의 관계에 대해 연구하였다. 배열과 논증이라는 개념은 청중을 설득해야 할 필요에 의해 생겨난 것이다. 연설자와 청중 사이의 관계는 오늘날에도 수사학적 이론에 영향을 미치는 수사학의 중요한 분야이다.[90]

토론 또한 두 명 이상의 사람들이 어떤 문제나 쟁점에 대해 어떤 근거와 함께 주장을 제시하면서 서로 의견을 교환하는 행위이다. 대통령과 국무위원들이 행하는 국무회의나 국회의원들의 법안 심의과정, 혹은 법정의 공방과 학문적인 논쟁 과정 등은 모두 어떤 주장을 하면서 최선의 결정을 내리기 위해 상대방이나 참여자들을 설득하려는 행위이다. 토론은 일종의 공적인 의사소통 행위인 것이다. 또한 단순히 일방적인 의사소통 행위가 아니라 쌍방적인 의사소통 행위이다. 이런 점에서 토론은 그 어떤 의사소통 행위보다도 생동감 있고 역동적인 상황이기도 하다. 토론을 한다는 것은 원칙적으로 서로 대등한 입장이라는 전제 아래서 상대방을 설득하고자 노력하는 행위이다.

토론에 대한 수사학의 보완은 이러한 사용 영역에 대한 인식에서 시작할 수 있다. 여러 사람이 함께 토론할 때 각각의 토론자가 발언을 하는 경우, 각 토론자는 자신의 견해를 발표하는 것이다. 그러므로 연설, 강연, 강의 등과 같은 전형적인 수사적 상황도 있지만, 토론이 이루어지는 상황도에서 토론자는 수사학적 기본기에 따라 영향을 받을 수밖에 없다.[91]

---

90) 티모시 보서스, 『수사학이론』, 이희복 외 3인 역, (서울: 커뮤니케이션북스, 2007), pp.46~7.
91) 숙명여대 의사소통능력 개발센터, 『발표와 토론』(서울: 숙명여대 출판국, 2008), pp.18~9.

2) 목표와 수단

수사학의 가장 중요한 목적은 설득이다. 특히 연설자는 정치적
법적 문제에 대해 연설을 하게 된다. 법정 연설은 법정에서 행하
는 연설로, 어떤 사람에 대해, 또는 그 사람을 위해 잘잘못을 가리
기 위해 변론을 하는 것이다. 의회 연설은 의회에서 행하는 연설
로, 제안된 정책을 옹호하거나 반대하기 위한 것이다. 또한 예식
연설은 장례식 추도사와 같이 어떤 사람을 칭송하거나 비난하는
특정한 경우에 행해진다. 이러한 유형의 연설들은 설득적 속성을
가지고 있다. 왜냐하면 연사들은 청중으로 하여금 연설에서 언급
하고 있는 대상의 특정한 덕이나 행동에 대해 수용하거나 거부하
도록 설득하려고 하기 때문이다.

수사학을 설득의 관점에서 볼 때, 진실은 상대적이라는 내포적
가정이 전제된다. 고대의 많은 이론가들은 당면한 이슈에 대한 활
발한 논의가 청중들로 하여금 보다 올바른 길을 선택하게 하는 결
과를 가져올 것이라고 믿었기 때문에, 진실의 상대성이라는 관점
에 동의하였다.92)

토론의 목적은 수사학과 다르지 않다. 토론을 하는 이유는
개인 혼자서 해결할 수 없는, 그래서 함께 해결을 모색해야 하
는 문제가 있고 이를 해결하기 위해서이다. 함께 해결을 모색
해야 하는 문제들은 매우 다양하다. 토론 참여자들은 문제를
파악하고 규정하는 과정에서, 그리고 그 해결을 모색하는 과

---

92) 박승억, 『토론과 논증』(서울: 형설출판사, 2005), pp.26~7.

정에서 때때로 합의에 이르고 또 때때로 불일치를 발견하게 된다. 이때 최선의 해결책을 모색하고 탐구하기 위해서, 그리고 불일치를 해소하기 위해서 토론을 한다. 또한 사회정치적인 상황에서 발생하는 갈등 상황을 해결하기 위해서 토론을 한다. 토론의 주제 또한 수사학적 상황과 동일한데, "양심적 병역 거부는 허용되어야 하는가?", "기부 입학제는 허용되어야 하는가?" 등 주로 가치 판단을 해야 하는 경우에 토론을 하는 것이다.

그런데 수사학적 상황이든 토론의 상황이든 중요한 점은 갈등의 상황을 해결하기 위해서는 감정적 대응이 아니라 합리적인 대화에 기반 해야 한다는 것이다. 따라서 여러 문제를 해결하기 위해 연설 혹은 토론에 참여하는 화자는 상대방에게 논증을 제시한다. 즉 어떤 근거와 함께 어떤 주장을 제시한다. 이때 논증이라는 말의 모임이 담당하고 있는 기능은 기본적으로 설득이다. 결국 토론의 한 가지 중요한 목적은 상대방을 설득하는 것이다.

수사학과 마찬가지로 상대방과 청자 혹은 의사결정권자를 설득해야 하는 토론의 특성상 변증법적 혹은 논리적 훈련만을 강조하는 것은 자신의 설득력을 높일 수 없다는 점을 인식해야 한다. 수사학의 설득적 기술, 특히 수사학적 논증 방식을 이해할 때 토론자는, 말은 맞지만 설득력은 없는 모순된 상황을 피할 수 있다.

특히 청중에게 '좋은 논증'이라는 평가를 받기 위해서는 그들이 조금이라도 의심스럽게 여길 만한 주장에 대해서는 항상 좋은 근거가 제시되어야 한다. 어떤 주장의 근거는 그 주장을 입증하는 증거의 역할을 하기 때문이다. 토론에서 제기되는 주장의 근거는 객관적인 사실을 토대로 한 증거일 수도 있고, 어떤 종류의 가치판단일 수도 있다. 주장의 근거가 어떤 종류의 것이냐에 따라 좀 더 설득력 있는 근거가 무엇인가에 대답하는 방식도 달라질 것이다. 따라서 수사학과 토론은 모두 주장의 근거, 즉 논거를 발견하는 것이 그 논증의 관권이라 할 수 있다.

3. 수사학의 원리와 토론

1) 수사학 이론의 다섯 가지 영역

수사학에서 연설의 주제와 관련하여 어떤 내용을 어떻게 구성하며 어떻게 표현해야 하는지는 매우 중요한 연설가의 과제이자 임무이다. '자신이 무엇을 말할 것인가'를 다루는 것은 '착상' 또는 '발견'의 단계이다.93) 착상의 단계에서는 자신의 주제에 대한 다양한 논거를 찾아내고 설정하여 청자들의 감정과 이성에 호소하게 된다. 여기서 설득의 수단들은 연설가의 성품, 청중의 감정적 상태, 논증 자체에 있다. 또한 주장의 주

---

93) 『수사학』, 1403a32–b3.

제를 이루는 토포스를 착안한다.

착상이 이루어진 후 논거의 '배열'이라는 단계를 거친다. 논거의 배열의 단계부터는 자신이 정한 주제를 '어떻게 말할 것인가'의 문제와 관련이 있다.[94] 논거의 배열은 화자의 논증을 청자가 수용할 수 있도록 주제를 돋보이게 하고 논증의 신빙성을 줄 수 있도록 논거를 나열하는 과정이다. 즉 자신이 말해야 할 것들을 연설의 어느 부분에 위치시킬 것인가를 정하여 적절한 위치와 순서를 배정하는 기술이다. 특히 도입부는 청자로 하여금 주목하게 하고, 받아들일 준비를 하고, 연설자와 주제에 대해 마음이 내키게 하는 역할을 한다. 또한 결론은 연설자가 어떻게 해서든 청중의 일부가 되는 부분이다.

배열 다음에는 다양한 언어적 '표현'의 단계를 거치며 주제가 더 명확하게 드러난다. 만일 실제적 연설이 분명하지 않다면 제 기능을 수행하지 못한다. 수사학의 표현은 주로 문체론으로 주제를 다루는 문체의 범주와 표현 양식에 따라 다양하게 드러난다. 표현의 단계에서는 착상을 통해 제시된 내용에 적절한 말과 문장으로 표현하는 기술이라는 점에서 연설의 형식의 역할을 담당한다. 표현은 취향, 기술적, 구성, 특징으로 구분된다. 취향은 사용된 단어의 명백성이나 정확성을 말하고, 기술적 구성은 각 부분의 담화가 일관되게 종결되도록 단어들을 배열하는 것을 말한다. 또한 특징은 화법의 장식과 사고의 장식이라는 두 가지 주요 기법이 사용된다.

---

94) 『수사학』 1403b15-18.

그다음은 발표의 과정으로 '연기'를 거치며 설득효과를 극대화시킨다. 발표는 음성의 특성과 신체적 동작 두 부분으로 구분된다. 음성의 특성은 크기, 안정성, 유연성이라는 세 가지 측면이 있고, 신체적 동작에는 제스처와 얼굴 표정이 포함된다. 제스처는 눈에 잘 띄어서는 안 되며, 얼굴 표정은 말한 내용에 신뢰감을 주게 된다.

마지막으로 연설의 주제를 암기하는 '기억'의 과정이 있다. 자료가 풍성한 도서관에 접근하지 못하던 고대의 연설가들은 연설을 구성하기 위해서 과거 경험에 기초한 기억에 의존할 수밖에 없었다. 수사학 교사들은 엄청난 정보를 어떻게 기억할 것인지를 가르쳤다. 이러한 방법은 대개 기억해야 할 대상, 개념의 심상을 만드는 것이었다.

2) 착상의 요소

(1) 기술적 논증

아리스토텔레스 수사학 구조의 핵심은 설득의 세 가지 기술적 수단에 있다. 그리고 이 기술적(entechnoi) 수단 각각은 두 개의 독자성을 갖고 있어야만 한다. 먼저 기술적 수단은 체계적 방식에 의한 것이어야만 한다. 연설에서 왜 어떤 것은 설득적인 데 반해 또 다른 것은 설득적이지 않은지 그 이유를 알아야 하기 때문이다. 두 번째, 기술적 수단은 연설에서 설득하려고 하는 것을 완전히 분석할 수 있어야 한다. 아리스토텔레스는 맹세, 증인, 증언과 같은 것들을 비기술적(atechnoi)이라고 한다. 이것들이 비기술적인 이유는 연설자에 의해 준비될 수 없기 때문이다. 연설이 아닌 다른 수단에 의한 설득은 수사학에서 다룰 수 없고 다루어서도 안 된다.

아리스토텔레스에 의하면, 연설은 연설가, 연설에서 다루어지는 주제, 연설을 듣는 청중으로 구성된다(1358a37). 이것은 설득에서 기술적 수단은 주제, 청중, 연설가와 연관된다는 것을 의미한다. 부연하자면 설득의 기술적 수단들은 연설가의 성품, 청중의 감정적 상태, 논증 자체에 있다. 즉 에토스·파토스·로고스로 증명되는 것이다.

여기서 에토스(ethos)란 연설가의 성품을 말한다. 연설의 경우 연설가에 대한 신뢰가 매우 중요하다. 연설가가 신뢰할만한 사람으로 보이면 더 쉽게 설득에 도달할 수 있기 때문이다. 연설가가 신뢰할 만한 사람이라면 청중은 신뢰할 수 있는 연설가가 제안하는 진술을 진실하거나 받아들일 수 있는 것이라고 하는 제2의 판결을 만들어 낼 가능성이 크다. 이것은 의심은 되지만 정확한 지식이 없는 경우에 특히 중요하다. 그렇다면 어떻게 연설가는 신뢰할만한 사람처럼 보일 수 있는가? 연설가는 실천지(phronesis), 덕스러운 성품, 선한 의도를 나타내야만 한다.[95]

또한 연설가는 파토스(pathos)를 고려해야 한다. 연설가는 청중의 심리 상태를 점검해야 하며 거기에 맞는 연설을 해야

---

95) 『수사학』 1378a6.

하는 것이다. 즉 청중의 감정 상태에 맞는 '맞춤형 연설'을 해야 하는 것으로 이해할 수 있다. 가능한 청중들을 효과적으로 설득하기 위하여 연설가가 반드시 알아두어야 할 청중의 심리적 상태 및 성향들을 총칭하는 파토스는 감정이나 정서들로 구성되는 '정념'이다.96) 아리스토텔레스는 정념에 대해 '우리를 변화시킴으로써 우리의 판단에 차이를 만들어내고 고통과 즐거움을 수반하는 것'으로 정의한다. 그가 『수사학』에서 강조하는 정념들은 분노와 평온, 우정과 증오, 불안과 신뢰, 수치심과 파렴치, 친절, 동정, 분개, 선망, 경쟁심과 경멸이다.97)

설득의 성공은 청중의 감정적 경향에 어느 정도 의존할 수밖에 없다. 왜냐하면 모든 사람은 슬플 때나 즐거울 때 혹은 우호적일 때나 적대적일 때에 어떤 것에 대해 같은 방식으로 판단하지 않기 때문이다. 그러므로 연설가는 감정을 불러일으키는 데 신경을 써야 한다. 감정은 그만큼 사람의 판단에 작용할 만한 힘을 가지고 있다.98)

그런데 아리스토텔레스에게 설득 수단 중에서 가장 중요한 것은 '논증 자체에서 오는 수단(logos)'이다. 『수사학』1355a4 이하에서 설득(수단)을 가리켜 일종의 증명이라고 하는가 하면, 수사추론이 곧 수사논증이라고 말하는 것을 볼 때 아리스토텔레스는 기본적으로 설득 수단 중에서 수사추론을 유일하

---

96) C. Carey, 1952. "Rhetorical means of persuasion", *Persuasion-Greek Rhetoric in Action* ed., Ian Worthington(Routledge, New York), p.27.

97) 박성창, 『수사학』(서울: 문학과 지성사, 2000), p.48.

98) 『수사학』1378a1.

게 참된 설득의 수단으로 간주한다고 볼 수 있다.99)

수사논증은 수사추론(enthymema)100)과 실례(paradeigma)로 대표된다. 변증법적 추론이 필연성에 의거한다면 수사적 추론은 개연적인 것이나 바람직한 것에 의거한다. 논리적 삼단논법은 형태적으로 엄격하며 결론이 필연적이지만, 수사추론은 형태적으로 탄력성이 있고 가변적 팽창력을 가진 추론 방식이다.101)

(2) 논거의 저장소로서 토포스

수사학은 설득을 검토하고, 설득은 청자를 확신시켜야 한다. 따라서 설득은 논거나 증거를 이용해야 한다. 일반적으로 아리스토텔레스는 문장의 형식을 통해 하나는 전제가 되고, 하나는 결론이 되는 연역적 논증을 중시한다. 그리고 전제로부터 도출한 결론인 추론은 전제에 의해서 보증된다. 아리스토텔레스는 수사적 논증 방식을 '설득의 몸통'으로 여긴다(1354a15). 그 외의 모든 것들은 설득적 진행의 핵심에 덧붙여진 것이나 우연적인 것임을 함축하고 있다. 수사학적 설득 수단 중에서 증명이나 논증이 가장 중요한 이유는 대부분의 사람들은 어떤 것이 논증되어졌다고 생각할 때 설득되기 때문이다.

---

99) 한석환, (2003) p.46.

100) '엔튀메마(enthymema)', 즉 enthymeme은 논리학에서는 '생략 삼단 논법'으로 불린다. 그러나 '생략 삼단 논법'이라는 용어는 오해의 소지가 다분하다. 아리스토텔레스에게 있어서 엔튀메마는 '부실한 삼단논법'이 아닌 나름의 '독특한 추론'이다. 형태상으로 엄밀함을 추구하는 변증법적 추론과 다르지만 설득적 상황인 연설에서는 엔튀메마 만한 것이 없다. 아리스토텔레스는 엔튀메마에 대한 정확한 정의를 내리지 않는데 『수사학』 1권의 1546b5에 따라 '수사추론'으로 해석할 수 있다. 본 논문에서는 기본적으로 '수사추론'으로 사용하며 '엔튀메마'로 음역하기로 하겠다.

101) 호세 안토니오 에르난데스 게레로, 『수사학의 역사』(서울: 문학과 지성사, 2001), p.38.

그런데 여기서 중요하게 생각해야 할 것은 수사학에서 착상의 단계는 수사적 논증 방식과 전제(토포스)를 기반으로 한다는 점이다. 또한 수사추론의 구조는 원래 동의된 의견, 다시 말해 통념(endoxa)들로부터 추론하는 방식이다. 수사추론은 형식에 대한 것이지 그 전제 혹은 내용은 되지 못한다. 따라서 실제적 논의를 위해서는 설득적인 내용을 가지고 있는 명제가 필요하다. 이것은 변증법 혹은 연역적 논증 방식이 형식에 국한된 것이고 그 실제적 논의를 위해서는 명제가 필요한 것과 같은 것이다. 단지 논리학의 형식적으로 엄밀한 논증이 필연적인 전제를 사용하는 데 반해, 수사학의 전제는 개연적이어도 된다는 점이 다를 뿐이다.

수사학에서 통념처럼 전제가 되는 것들은 전제들을 모아둔 말터, 즉 토포스로 표현된다. 토포스는 원래 '장소'라는 뜻으로 수사학에서는 화자가 활용 가능한 설득의 수단을 찾을 수 있는 곳이다. 토포스는 상황에 따라 활동할 수 있는 논거들을 제공한다. 아리스토텔레스에게 엔튀메마가 논증 형식의 필수 요소라면 토포스는 무엇을 말할 것인가의 대답이다. 토포스는 꼭 엔튀메마를 위해 있는 것은 아니고 여러 다양한 방법으로 연설가에게 힘을 주는 도식이다. 개연적이지만 영향력이 있는 토포스를 전제로 하여 엔튀메마의 방식으로 논증하는 것이 아리스토텔레스 수사학의 핵심을 이룬다.

토론의 논증 역시 주장을 뒷받침하는 논거의 활용이 중요한데, 논거가 많은 사람이 알고 있는 경험적이거나 구체적인 사례들을 통해 이루어진다면 더 설득력을 높일 수 있다. 토론이 단순히 주장의 교환으로만 이루어지는 것이 아니라 화자가 말하고자 하는 결론인 주장과 그 주장을 뒷받침하는 전제들의 제시 그리고 논거가 주장을 뒷받침하는 정당한 이유를 제시하는 것으로 논증을 구성해야 한다.

설득력 있는 논증에서 좋은 전제는 주장을 제기하는 사람의 입장에서만이 아니라 토론 상대방, 더 넓게는 청중에게도 좋은 논거라는 평가를 받아야 한다. 즉, 논거에 대한 수사학적 배려가 필요하다. 이러한 점을 잘 수행하기 위해서는 다음과 같은 질문을 통해 비판적 검토를 효과적으로 통과한 것들을 사용해야 한다.

1) 논거는 청중들의 믿음과 일관적인가?
2) 논거가 청중들의 정서적 태도에도 호소력이 있는가?
3) 논거가 청중들의 일반적인 가치관에 적합한가?

이러한 판단 아래 토론자도 수사적 상황의 연설가와 마찬가지로 논거를 찾아내는 작업을 먼저 수행해야 한다. 따라서 수사학의 논거는 어떻게 수집, 보관되고 사용되는지 그 역할을 이해할 필요가 있다. 특히 어떠한 사안에 대해 논할 때 토론 참가자들은 대체로 그 특정 사항에 관한 자료만을 수집하는데, 수사학의 토포스는 이러한 점에 많은 시사점을 준다. 수사학의 토포스는 그 안에서 다시 일반 토포스와 특수 토포스로 나뉘는데 특수 토포스는 특정한 사안에 대해 쓸 수 있는 토포스이며, 일반 토포스는 어떠한 사안에서라도 사용 가능한 토포스이다. 일반 토포스는 보편적 명제라고도 할 수 있는데 이는 어떠한 주제하에서도 논증하거나 반론하기에 적합한 것들이다.

4. 수사학의 토포스

1) 토포스의 정의

연설가가 주제를 갖고 빈틈없이 제한된 명제에 변환시킨다면, 일단 그는 그 주제를 발전시키기 위한 작업을 하게 된다. 만약 연설가가 설득력 있는 화법을 가지고 있다면 다음으로 주제를 발전시킬 '논거들'을 찾아야만 한다. 특히 연설가가 이성적 호소의 사용을 결정한다면 논거를 귀납이나 추론으로 발전시키게 된다. 연설가가 추론으로 주장하려 한다면 변증법적 추론이나 이와 비슷한 엔튀메마에 의지하게 된다.[102] 그가 귀납적으로 주장하려 한다면 그는 변증법의 귀납법이나 혹은 수사학의 실례에 의지하게 된다. 그러나 로고스든 파토스든 호소하는 모든 방식에서 논증하는 사람은 말하려는 실제 내용을 갖고 있어야만 하며, 그것을 찾아내야만 한다. 이 작업이 없다

---

102) E. P. J. Corbet, *Classical Rhetoric for the Modern Student* (Oxford: Oxford University Press, 1965), p.95.

면 실제적인 상황에서 수사추론이 무용지물이 되고 말 것이기 때문이다.103) 이것은 변증법적 상황에서도 마찬가지다. 그 말하려는 것에 대한 원천적 역할을 하는 것이 토포스이다.

토포스의 사용은 프로타고라스와 고르기아스, 이소크라테스와 같은 초기 수사학자들에게서 기원을 찾을 수 있다. 초기 수사학에서 토포스는 완성된 방식으로 이해되었거나 혹은 확실한 효과를 내기 위해 연설의 어떤 단계에서 언급할 수 있는 것으로 이해되었다. 토포스(topos)라는 단어는 대개 계속되는 장소의 물건들과 관련된 목록표로서 엄청난 숫자의 항목을 암기하는 고대의 방법과 관련이 있다. 그것은 길을 따라 집을 기억하면서 관련된 항목들을 기억하는 방법이다. 『토피카』에서 아리스토텔레스도 이런 기술로 언급하는 것처럼 보이기도 한다.104) 그러나 토포스라는 이름이 이 기억 기술적 상황으로부터 나온 것이라고는 하지만 아리스토텔레스의 토포스가 장소의 기술에 대해서 말하는 것은 아니다. 일단 이것과 구분해서 말하자면, 아리스토텔레스의 토포스는 주어진 결론을 위해 논증을 추론하는 변증가나 수사가에게 힘을 주는 논증적인 도식이며, 전제가 되는 일반적 가르침이다.

아리스토텔레스는 토포스의 개념을 정확히 정의하지는 않는데 그의 토포스를 보면 단순히 정의될 수 없는 방대함이 있다. 그러나 전혀 알 수 없는 것도 아니다. 전형적인 아리스토

---

103) C. Perelman, *The Realm of Rhetoric* (Indiana: University of Notre Dame Press, 2003), p.21.
104) 『변증론』 163b28-32.

텔레스의 토포스를 보면, "사건에 있어 반대되는 것을 보게 되면, 그것이 당면한 사건의 주제에 속하는지 아닌지를 보라. 왜냐하면 후자에 속하면, 전자엔 속할 수 없기 때문이다. 왜냐하면 모순되는 진술이 동시에 같은 것에 속한다는 것은 불가능하기 때문이다(113a20-24)"와 같다. 이처럼 토포스라는 것은 일반적 가르침의 성질을 포함하며 사례를 만드는 것으로 사용될 수 있는 논증의 유형 혹은 배열이다.105) 결국 토포스는 주어진 도식을 판단하는 일반적 규칙과 원리에 의존하며, 종종 실례의 논의를 포함하기도 한다. 아리스토텔레스의 『토피카』는 변증적 논증의 구성을 위해 몇백 토포스를 싣고 있다. 이 토포스의 목록은 변증가가 연역적 형식에 의해 쓸 수 있는 조직적 방법을 형성하는 것이며, 또한 변증론의 핵심이 된다. 『수사학』에서 엔튀메마의 구성을 위해 기본적으로 주어지는 토포스 또한 『토피카』의 토포스 목록처럼 체계화되어 있다. 특히 『수사학』의 첫 책은 본질적으로 공공 연설의 세 종류의 주제와 관련된 토포스로 이루어져 있다.

어쨌든 『토피카』의 체계에서는 주어진 모든 문장은 어떤 형식적 표준으로 분석되어야 한다. 어떤 문장에서든 "문장의 서술은 주제에 대해 모양이나 정의 혹은 고유함이나 우연적 특성을 묘사하고 있는가? 문장은 반대의 성질에 대해서 부정이나 상반되는 것으로 표현하는가? 문장은 어떤 것이 더 큰 논거이거나 더 작은 논거임을 표현하는가?"를 생각해야 한다.

---

105) James A. Herrick, *The History and Theory of Rhetoric*, (Boston: Allyn and Bacon, 2001), p.84.

이렇게 분석된 문장의 형식적 표준에 의존하여 연설가는 적절한 토포스를 인용하여야만 한다. 이런 이유로『토피카』에서는 토포스들(topoi)이 이런 형식적 표준에 일치되어 체계화된다. 그렇기 때문에 반대편에 있는 자들을 공격할 때는 그들의 토포스를 찾아 공격하는 방법이 가장 효율적인 방법이 될 수 있다.106)

2) 토포스의 요소와 기능

아리스토텔레스는 토포스를 정확히 정의내리기보다는 에두르는 방식을 사용한다. 즉 토포스를 요소(stoikheion)와 같은 것으로 말한다(1403a18-19). 아리스토텔레스의 요소는 엔튀메마 하나가 하나의 요소에 속하는 것이 아닌 많은 유형의 구체적인 엔튀메마가 포함될 수 있는 일반적 형태를 의미한다. 토포스가 일반적 논쟁의 형태나 본보기라는 이 정의에 따르면 구체적 논증은 일반적 토포스의 실증이다. 토포스가 다른 몇 개의 논증이 도출될 수 있는 일반적 교훈이라는 것은 변론의 기술적 방식에서 아리스토텔레스를 이해하는 데 중요하다. 수사학과 마찬가지로 변증법도 토포스를 사용하는데, 변증법의 토포스도 역시 여러 결론이 도출되는 전제이다. 아리스토텔레스에게 변증이라는 것은 토포스를 전제로 하는 것이 기본인데 수사학 또한 토포스를 사용함을 볼 수 있다. 단, 변증법의 토

---

106)『변증론』155b4-5.

포스가 필연적인 것이라면 수사학의 토포스는 개연적인 것이라는 게 다른 점이다.

　토포스는 중립적인 도구와 같다. 먼저 논증하려는 사람이 주어진 결론을 위한 적절한 토포스를 선택한다고 가정하자. 결론은 논박하기 원하는 반대자의 논제이거나, 세우거나 방어하려고 하는 자기 자신의 주장이다. 이때 토포스의 두 가지 사용법이 나타날 수 있다. 즉 토포스는 주어진 문장을 '증명'하는 데 사용하거나, '반증'을 드는 데 사용할 수 있다. 어떤 토포스는 증명과 반증 각각의 목적을 위해 사용될 수 있고, 증명과 반증 중 하나를 위해 사용되는 것도 있다. 대부분의 토포스는 주어진 결론에 대해 확실히 뒷받침할 수 있는 것이어야 한다. 예를 들어, 결론이 '정의'를 언명한다면 '정의'에 적합한 토포스들의 목록으로부터 토포스를 선택해야만 한다. 일단 주어진 결론에 적합한 토포스를 선택했다면 토포스는 주어진 결론이 도출되어질 수 있는 것이며, 전제를 설정하는 데 사용될 수 있다. 예를 들면, 까다로운 도식 "술부가 일반적으로 유의 참이라면, 술부는 또한 그 유의 어떤 종의 참이다"를 상정했을 때, "영양공급의 능력은 모든 살아 있는 것들에 속한다"는 전제를 사용하는 "영양공급의 능력은 식물에 속한 것이다"라는 결론을 도출할 수 있다. 왜냐하면 '살아 있는 것'은 종이 되는 '식물'의 유이기 때문이다. 도출된 전제가 동의된다면 변증적 논쟁의 반대자들이나 공공연설의 청중에게서 의도한 결론을 이끌어 낼 수 있다.

3) 토론의 논거 발견과 토포스

아리스토텔레스에게 수사추론이 논증 형식의 필수 요소라면 토포스는 무엇을 말할 것인가의 대답이다. 하지만 토포스는 꼭 수사추론을 위해 있는 것은 아니고 여러 다양한 방법으로 연설가에게 힘을 주는 도식이다. 개연적이지만 영향력이 있는 토포스를 전제로 하여 엔튀메마의 방식으로 논증하는 것이 아리스토텔레스 수사학의 핵심을 이룬다.

수사추론은 형식만 있는 것이기 때문에 연설가가 실제 연설에서 영향력을 발휘하기 위해서는 알맞은 토포스가 있어야만 한다. 수사학의 핵심이 수사추론이고 이 수사추론의 기본이 토포스이긴 하지만 『수사학』에서 보면 꼭 수사추론을 위한 토포스만 나오는 것은 아니다. 이런 점에서 보면 토포스라는 단어는 굉장히 광범위한 용어라는 것을 알 수 있다. 『수사학』에서 수사추론과 관련되거나 관련되지 않은 수많은 토포스들이 나타난다. 수사추론과 관련된 토포스는 다시 특별한 장소에서만 쓸 수 있는 특수 토포스와 수사적 상황 일반에서 쓸 수 있는 일반 토포스로 나뉜다. 즉 『수사학』에 나타난 토포스는 특수 토포스, 일반 토포스, 엔튀메마와 관련 없는 토포스로 나눌 수 있다.[107]

『수사학』에서 특수 토포스는 1권 4장에서 15장까지 소개된다. 특수 토포스는 특수한 장소 혹은 상황에서 쓸 수 있는 토포스이다. 아리스토텔레스는 수사학의 장르를 예식연설, 법정

---

107) 한석환, (2006), p.243

연설, 의회연설로 구분한다. 특수 토포스라는 것은 바로 이 세 장르 중에서 특정한 한 곳에서만 쓸 수 있는 토포스이다. 예를 들면, 의회에서 심의를 하려는 연설가는 입법부에서 효과적으로 주장하기 위해 순서에 맞게 요구해야만 한다. 그러기 위해서 그는 '재정, 전쟁과 평화, 국가 방위, 수입과 수출, 획책과 법'의 토포스를 이해해야만 한다.108) 『수사학』 1권 4장에서 8장에는 의회연설에서 사용할 수 있는 토포스들이 나오는데 정치적, 윤리적 토포스와 유권자에 대한 토포스를 소개하는 식이다. 또한 연속하여 9장에서는 예식연설에 대하여, 10장에서 15장까지는 법정연설에 대한 토포스를 다루고 있다.

일반 토포스는 2권 18장에서 26장까지 엔튀메마와 함께 다루어지는데 이것은 모든 영역에서 행해지는 수사적 논증에 쓰이는 토포스이다. 일반 토포스는 비연역적 논증에 이르게 하는 논증의 도식을 제공한다. 특수 토포스가 항상 특정 논증 도식(연역적 논증 도식)을 필요로 하는 데 반하여, 일반 토포스의 바탕에는 일반 토포스를 통해 적용될 수 있는 다양한 논증 도식이 있다는 입장이 깔려 있다.

수사추론과 관련 없는 토포스는 『수사학』 2장에서 수사학의 설득 수단 중 논증과 관계없는 에토스와 파토스에 관계된 토포스로 나온다. 2장에서 11장까지는 청중의 감정에 관한 토포스이다. 청중을 어떠한 감정적 상태로 만든다면 연설가 자신이 원하는 결정을 얻어내기가 용이하다. 그러므로 파토스에

---

108) James A. Herrick, (2001), p.85

관계된 토포스를 아는 것이 매우 중요하다고 묘사한다.[109] 아리스토텔레스는 분노, 평온, 친근함, 부끄러움, 두려움 같은 것을 불러일으키는 방법을 분석해 놓는다. 연설가의 성품에 대한 토포스도 있는데 12장에서 17장에는 청중에게 좋은 인상을 주기 위한 토포스들이 여럿 소개되고 있다.

그런데 여기서 유의해야 할 부분은 일반 토포스의 사용이다. 일반 토포스는 특수 토포스와 비교되는데, 특수 토포스는 특수한 주제와 관련되어 있는 것이다. 예를 들어, 토론의 주제가 "양심적 병역거부는 허용되어야 하는가"일 때 연설가는 그 주제와 관련된 내용, 즉 국방, 전쟁, 양심의 정의 등의 정보를 수집한다. 그러나 일반 토포스는 이러한 특수한 주제와 연관되어 있는 것이 아니라, 어떠한 주제에도 영향을 발휘할 수 있는 토포스이다.

일반 토포스의 예를 보면, '더 혹은 덜'에 대한 토포스가 있다. 이것은 '만일 두 가지 중 작은 것이 사실이라면, 큰 것 역시 마찬가지이다'로 정의될 수 있다. 이러한 토포스를 토론의 영역에서 사용한다고 상정해보자. 만약 세금에 대해 현 상태를 유지하자는 측에서 세금을 올리자는 상대방을 공격하고자 할 때 이러한 토포스를 활용한다면 "만일 나의 상대자가 빈곤층의 세금을 올린다면, 그는 중산층과 상류층의 세금도 분명히 올릴 것입니다"라는 식이 될 것이다. 이런 식으로 일반 토포스를 가지고 있으면 특수 토포스 못지않게 유용하게 상대편

---

109) 『수사학』1377b10 이하.

을 공격할 수 있다.

일반 토포스를 토론의 논거와 연결한 다른 예를 보면 다음과 같다.[110]

토포스	정의	사례
자신에게 말한 것을 말한 사람에게 돌리기	상대방이 쓴 단어들을 그 사람에게 쓴다.	"나의 상대방은 작년에 건강복지 개혁은 불가능하다고 했습니다. 이제 그녀는 건강복지의 개혁을 주장하고 있습니다."
이전의 판단	합리적인 사람은 유사한 판단을 한다고 가정한다.	"내 입장은 한결같습니다. 나는 여러 국가가 지지한다면 언제든 군사적 행동을 지지합니다."

보통 토론자들은 어떠한 사안에 대해 토론할 때 그 사안과 직접 연결되어 있는 논거만을 조사하고 논증하는 경우가 대부분이다. 수사학의 관점에서 볼 때 이는 일반 토포스는 고려하지 않고 특수 토포스만을 사용하는 태도일 수 있다. 효과적인 논증과 반박을 이루기 위해서는 수사학의 특수 토포스와 일반 토포스 개념을 받아들여 토론에서 사용할 수 있는 논거를 개발해야 할 것이다.

---

110) 티모시 보서스, (2007), p.67.

5. 나오는 말

토론은 문제 사안을 둘러싸고 주장과 주장이 부딪치는 하나의 상황이다. 논거는 바로 그러한 주장들을 지지해 주는 초석과 같다. 설득력 있는 논거로부터 지지받는 주장은 그에 상응하는 설득력을 갖게 되지만 그 반대의 경우는 그저 공허한 외침에 불과하게 된다. 또한 설득이라는 측면에서 청중이나 토론 상대방이 주장의 논거를 받아들일 만한지를 판단할 때, 영향을 미치는 다양한 요소들이 있다는 점도 잊어서는 안 된다. 특히 청중은 토론 당사자 외에 다른 전문가들의 의견을 구할 수도 있으며, 경우에 따라서는 자신이 속한 집단의 선입견에 의지해서 논거를 평가할 수도 있는 것이다. 이러한 상황에서 토론자가 단순히 자신의 주장에 맞는 증거들만을 수집하여 논하는데 그친다면 실제적인 설득력을 갖기는 힘들 것이다.

현재의 교육토론에서는 토론자가 해당 토론 주제에 대한 자료만을 수집하여 논의를 이끌어 가는 것이 일반적인데 수사학의 토포스 개념을 통해 이러한 점을 점검해 볼 수 있다. 아리스토텔레스의 토포스는 일반 토포스와 특수 토포스로 나뉘어 있는데 특수 토포스는 말 그대로 특수한 사안에 대한 논거를 모아둔 것이고, 일반 토포스는 어떠한 논의에서도 상대방을 공격하고 자신의 논증을 지킬 수 있는 논거들을 모아둔 저장소이다. 교육 토론이든 실제적인 토론이든 양자가 서로에게 설득력을 갖지 못하고 자신의 주장만 반복하는 이유를 주제의

첨예함에서만 찾을 것이 아니라 논거 발견에서부터 시야가 좁기 때문일 수도 있다는 점을 인식해야 한다.

　수사학은 기본적으로 실천적이고, 무엇인가를 성취하거나 결론을 이끌어내는데 사용된다. 따라서 수사학이 그 본연의 임무를 잘 수행할 때에는 대중적으로 수용되어서 사람들을 어떤 결정으로 이끌 수 있다. 이러한 방식으로 민주주의는 수사학에 의존하고 있다고 볼 수 있다. 이러한 점이 토론의 영역에 있어서 수사학이 기반이 되는 이유이다. 물론 누구나 어떠한 논쟁에서든 늘 승리하는 것은 아니다. 그러나 여러 한계에도 불구하고, 설득적 기술로서의 토론은 대립의 양상으로 치닫는 사회에서 높은 의식과 가치를 통해 그 사회를 통합할 수 있는 대안이 될 것이다.

제2부

토론과 교양교육

제1장
토론식 수업의 필요성

1. 왜 토론식 수업인가?

학습지 교사가 없어도, 학원 선생님이나 과외 선생님이 없어도, 교수님이 없어도 우리 학생들은 혼자 공부할 수 있을까? 열심히 강의 듣고, 보고서 제출하고, 중간, 기말시험을 잘 치르면 혼자 공부하는 능력이 길러질 수 있을까? 나는 아니라고 생각한다. 혼자 공부할 수 있다는 것은 교수의 설명이나 도움 없이도 스스로 책의 내용을 이해하고, 분석하고, 비판한 다음, 창의적인 주장까지 할 수 있다는 것을 의미한다. 학생들에게 이런 능력을 키워줄 수 있는 방법으로 토론식 수업을 제안하고 싶다. 토론수업에서 학생들이 발언의 주체로 활동하게 되면 수업내용에 대한 흥미와 진지한 관심을 가지게 되어 자연스럽게 학습효과가 높아진다. 또한 토론수업을 통해 학생들이 자신의 입장을 논리적으로 전달하여 상대를 설득시키는 훈련을 하게 되는 것은 굉장히 중요한 성과이다. 토론에서는 상대방의 논리적 허점이나 내용상의 문제점을 놓치지 않고 포착하는 데에 열의를 다하게 된다. 또한 상대방의 도전과 반론을 물리치기 위해 자신의 입장을 정교하게 가다듬을 수 있게 된다. 토론에서 얻어지는 이러한 능력은 바로 논리적이고 비판적이며 창의적인 사고를 할 수 있는 능력이다.

일반적으로 토론의 유형에는 원탁토론, 공개토론, 단상토론, 분임토론, 패널토론, 과제중심토론, 버즈토론, CEDA 토론, 칼포퍼 토론, 링컨-더글러스 토론, 의회토론 등이 있다. 토론식 수업은 과목의 성격, 수업 주제, 인원수에 따라 적절한 토론 유형을 선택해서 수업을 진행하면 된다. 나의 경험에 따르면 토론식 수업에서 무엇보다 중요한 것은 토론 공포증 때문에 침묵하는 다수 학생들의 말문을 여는 것이고, 근거는 제대로 제시하지 않으면서 말만 많이 하는 소수 학생들의 말문을 조절하는 것이다. 이를 위해 나는 토론 수업 전에 학생들에게 충분히 준비운동을 시킨다. 발표팀에게는 주제에 대해 찬반으로 나누어 프레젠테이션을 준비하도록 하는데 발표계획은 물론 발표일지, 발표 후기도 작성해서 제출하도록 한다. 또한 토론 주제와 관련된 설문지를 만들어 학생들에게 돌리게 한다. 청중이 되는 학생들에게는 토론 주제와 관련된 자료를 나누어주고, 요약, 비판, 문제 제기를 한 다음, 자기의 생각을 서술하라는 과제물을 내준다. 이러한 과정을 거치면서 학생들은 토론 주제에 대한 자신의 입장을 논리적으로 분명하게 정립하게 되고 토론할 만반의 태세를 갖추게 되는 것이다. 이렇게 준비운동을 충분히 한 토론은 소모적이거나 갈등을 증폭시키는 방향이 아니라 생산적이며 건설적인 방향으로 흐르게 되고 그 결과 학생들이 합리적이고, 창의적인 사고를 하도록 유도하게 된다.

물론 과목의 특성상 찬반 토론이 부적합한 수업은 강의식 수업으로 진행될 수밖에 없다. 이 경우, 강의식 수업에 토론을 접목시키는 방법을 고려할 수 있다. 연극의 경우, 예전에는 배우들이 무대 위에서만 연기를 했다. 하지만 이제는 배우가 객석으로 내려가 관객들에게 말을 걸기도 하고, 그들을 무대 위로 끌어올려 함께 연기하기도 한다. 강의식 수업도 이제는 학생들에게 말을 걸면서 학생들과 호흡하는 수업이 되어야 한다. '토론'을 강의식 수업에 접목시키면 주입식 교육이 아닌 쌍방향으로 수업을 진행할 수 있다는 장점이 있다. '토론'을 어떻게 강의식 수업에 접목시킬 수 있을까? 방법은 의외로 간단하다. 교수가 생각하는 답을 학생들에게 먼저 말해주지 않으면 된다. 이 원칙만 지키면 토론은 자연스럽게 진행된다. 아주 간단한 용어 설명에서부터 큰 이슈까지 모든 답은 토론을 통해 학생들 스스로 찾게 만드는 것이다. 어떤 문제에 대해 한 학생에게 답을 묻고, 이유를 설명하게 한 다음, 그 학생의 답에 대해 다른 학생들의 의견을 묻는다. 학생들은 자신이 제시한 답에 근거를 대면서 자신의 언어로 설명해야 한다. 이를 통해 학생들은 자신의 생각을 논증적으로 표현하는 훈련을 할 수 있다. 교수와 학생, 학생과 학생 사이의 짧은 토막 토론 후,

교수는 자신이 생각한 답을 알려주면서 설명을 시작한다. 나의 경험으로는 토막 토론과 교수의 설명으로 이루어지는 토론식 강의 수업을 하면, 수업에 관심 없는 학생들도 흥미를 가지고 참여하게 되고, 수업에 대한 학생들의 집중력도 높아진다. 또한 이 수업 방식은 수학이나 영어 문제를 풀 때도 효과적으로 적용될 수 있음을 보았다. 이렇게 강의식 수업에 토론을 접목시켜 수업을 진행한다면 학생들은 수동적인 자세에서 벗어나 능동적으로 수업에 참여하게 되고, 수업내용과 관련해서 궁리하게 되고, 새로운 것을 창조하려고 애쓰게 된다.

그런데 이러한 토론식 수업에 걸림돌이 있다. 다름 아닌 수업 진도이다. 학생들에게 토론 공포증이 있다면 교수들에게는 진도 공포증이 있다. 나 또한 진도 공포증 때문에 예전에는 법정 공휴일에도 수업을 했던 기억이 난다. 그러나 수업의 목적을 진도를 나가는 것에 두기보다는 배우는 과목을 학생들이 혼자 공부할 수 있는 능력을 키우는 데 두어야 하지 않을까? 토론을 통해 논리적, 비판적, 창의적 사고 능력을 키운 우리 학생들은 학기가 끝난 후에도 혼자서 진도를 무궁무진하게 나갈 수 있을 것이다.

2. 토론의 교육적 효과

토론식 수업의 필요성은 토론이 가지고 있는 교육적 효과에서도 그 이유를 찾을 수 있다. 그럼, 토론의 교육적 효과에 대해 살펴보기로 하자.

첫째, 토론은 비판적 사고력을 함양한다. 현명한 의사 결정은 비판적 사고력으로부터 나온다. 비판적 사고란 주어진 주장에 관해 합리적 결정을 내리는 과정이다. 애매모호한 믿음이나 지식에 대해 분석하고 비평하며 추론으로부터 확실한 결론에 이르는 이성의 과정이다. 이 과정을 통해 의견과 사실을 구분하고 믿음과 지식을 구별하게 하며 불명확한 오류들을 제거해 나가는 것이다. 비판적 사고는 의사결정에 영향을 미친다. 의사 결정은 정확한 증거나 합리적이고 타당한 추론에 근거한 판단이어야 한다. 또한, 질의와 응답 과정에서 비판적 사고는 필수적이다.

둘째, 토론은 의사소통능력을 길러준다. 토론 자료를 준비하면서 주장에 대한 근거를 선정하고 내용을 배열하며 이를 전달하는 훈련을 통해 내용 구성 능력과 전달 능력을 함양하게 된다. 방대한 자료를 갖고 명료하게 입론을 구성하거나 질문과 반박에서 즉흥적인 반론을 제시해야 하기 때문에 자료를 체계적으로 정리하는 습관을 가지게 된다. 토론은 대립되는 상대와 의사소통을 하는 과정이기 때문에 즉흥적인 내용 구성과 전달능력을 강화하는 훈련의 수단이기도 한다. 자기의 주장을 전개하는 과정에서 목소리, 눈 맞춤, 자세와 동작은 물론 얼굴 표정까지 청중이나 심사자들이 어떻게 받아들일 것인가를 점검함으로써 자신의 의사소통 능력을 함양할 수 있다. 이런 과정을 통해 토론자들은 성찰적 사고를 하게 되며 인지적 성장은 물론 능동적 자아를 계발하게 된다. 청중이나 심사자들의 반응을 통해 자신의 의사소통 방식을 교정하고 향상시켜 나감으로써 의사소통 능력을 배양할 수 있다.

셋째, 토론은 직접 얼굴을 대하고 말하는 상호작용이며 글쓰기 교육에도 도움이 된다. 토론자들은 자신의 주장을 강하게 하기 위해 명확하고 간결하며 설득력 있는 어휘나 구절에 대한 감각을 익히게 된다. 다양한 수사적 기법을 활용하거나 상대방의 수사적 기법을 평가적으로 듣기 때문에 언어의 스타일이 설득에 미치는 영향을 체험하게 된다. 토론을 준비하고 실행하는 과정에서 대립되는 상대와 설득해야 하는 청중을 동시에 청자로 두고 있기 때문에 내용을 수정하고 반복하는 과정에서 글쓰기 구성 능력은 물론 어휘 활용력이 늘어나게 된다.

넷째, 토론은 지식을 통합하는 방법을 함양한다. 토론자들은 논제에 대한 개인적 입장인 믿음과 상관없이 주어진 논제에 대해 찬성 혹은 반대 어느 입장이건 자기의 주장과 논거를 전개하는 훈련을 함으로써 지식의 통합을 가져온다. 논제에 대한 찬성과 반대측 주장, 논거, 근거, 자료들을 준비하는 과정에서 주어진 사안에 대한 지식의 폭과 깊이가 넓어진다.

토론을 준비하는 과정에서 도서관이나 인터넷에서 자료 수집 방법, 내용을 구성하고 분석하는 능력, 자료와 정보를 입장에 맞게 평가하는 방법, 자료를 통합하는 능력이 배양된다.

다섯째, 토론은 비판적 듣기 능력도 향상시킨다. 토론에 있어 교차질문은 몇 분간의 상대방 발언 사이에 만들어지며 이에 대한 응답도 이때 이루어지기 때문에 즉각적인 순발력을 요구한다. 토론자들은 비판적으로 상대방의 주장을 듣고 이들의 주장을 메모하며 약점을 파악하고 공략하는 것에 집중해야 한다. 자신의 응답은 합리적으로 전개하고 상대의 주장에서는 모순을 찾아야 한다.

여섯째, 토론은 합리적인 절차와 형식에 따라 토론 학습을 함으로써 민주적 의사과정과 절차를 존중하는 소양을 기르게 된다. 토론의 기능은 숙의 민주주의와 참여 민주주의의 확산을 가져온다.

일곱째, 토론의 논제들은 공동체의 현안으로 이루어져 있어 공동체에 대한 이해와 관심을 넓히게 된다. 주어진 논제에 관해 집중적으로 탐구하며 관련된 정보를 폭넓게 탐색하는 기회를 가진다.

그럼, 이제부터 토론의 정의, 토론 역사, 토론 윤리, 토론 유형, 논증과 논제 등 토론의 기본적인 내용에 대해 살펴보기로 하자.

3. 토론의 정의

1) 토론의 어원적 정의

사람들은 주변을 둘러싸고 있는 대상이나 현상들에 대해 견해와 믿음을 가진다. 이런 견해와 믿음의 대상에는 공적인 것도 있고 사적인 것도 있다. 공적 사안에 대한 서로 다른 견해와 믿음들은 공공의 현안과 쟁점으로 부상하게 되며 사회 구성원들은 토론을 통해 조정한다. 따라서 토론은 어떤 논제에 대해 찬성 측과 반대측이 각각 자신이 주장하는 바의 정당성을 내세움으로써 상대방의 주장이나 논거가 부당하다는 것을 명백하게 하는 경쟁적 의사소통 형식이다.

토론(討論)의 한자 의미를 살펴보면, '討'는 다시 '言(언)'과 '寸(촌)'으로 구분할 수 있으며 '論(론)'은 '言(언)'과 '侖(륜)'으로 나눌 수 있다. 즉 '討(토)'는 말을 나누거나 분석한다는 의미를 내포하고 있으며 '論(론)'은 말을 돌려가며 진행한다는 뜻을 내포하고 있음을 알 수 있다. 이처럼 토론이라는 말이 경쟁적이고 공격적인 의미를 담고 있기는 하지만 원래 토론의 의미를 살펴보면 한자의 의미보다는 좀 더 강한 표현인 것을 느낄 수 있다.

영어에서 토론을 나타내는 용어인 'debate'는 'down과 completely'의 의미를 담고 있는 'de'와 'to beat'를 나타내는 'battuere'가 합쳐진 'debattuere'라는 라틴어 어원을 가지고 있다. 이 'debattuere'는 'to fight', 'to beat'의 의미가 있으며 나중에 'battle'이라는 단어로 발전되었다. 따라서 토론(討論)이 사리를 따져서 논하는 것이고, 논쟁(論爭)은 논하여 싸우는 것 혹은 말하여 다투는 것이라는 사전적 의미를 볼 때 영어의 'debate'에 충실한 우리말 번역어는 '논쟁'이라 할 수 있다. 논쟁은 "말이나 글로 다툰다"라는 뜻으로 다툴 쟁(爭)의 어감이 강하기 때문이다.

이러한 어원적 의미를 살린다면 토론은 어떤 쟁점에 대하여 대립적인 입장을 취하는 양측이 서로 자신의 입장이 갖는 우월성을 제3자인 청중이나 심판에게 설득시키려고 행하는 논쟁적 의사소통으로 정의할 수 있을 것이다. 따라서 앞으로 토론이라는 말을 쓸 때에는 토론의 원래 의미를 생각하여 더 공격적이고 경쟁적인 뜻으로 써야 할 것이다.

2) 토론과 토의의 비교

토론과 토의 모두 논증에 입각해 특정 문제에 대한 해결책을 합리적으로 모색함으로써 참여자들 간의 상호 이해에 도달하는 것을 궁극적으로 지향한다. 또한 비판적 사고와 논리적 사고를 바탕으로 상호 비판적 관점을 견지해야 하는 점에 있어서는 토론이나 토의가 서로 다르지 않다. 비판적 사고란 통념에 구애받지 않고 주체적인 관점에서 사물에 대하여 스스로 생각하는 능력으로 정보를 정확히 읽어내는 힘, 사물의 논리적 절차를 탐구하는 능력, 문제를 발견하는 능력, 수용한 정보를 바탕으로 자신의 생각을 논리적으로 전개하는 능력이다. 따라서 토의에서의 기본적인 요소들은 토론 교육에 모두 포함되어 있음을 간과해서는 안 된다.

그러나 토론은 토의와 달리 규칙과 규율에 의해 이루어지나 토의는 특약이나 규율 없이 자유로운 의사 개진과 대담을 통해 이루어진다는 점을 유념해야 한다. 토론에서는 의견의 대립이 존재한다는 것(변증법적 사고)을 인정하고 주어진 논제에 대해 자신의 입장이나 해답을 분명히 갖고 타인을 설득하는 것이 목적이라면 토의는 일종의 집단적 사고와 의사 결정 과정으로서 협의를 통해 답을 구하는 것이 목적이다. 토론에서는 사실·논거·근거에 의한 자기주장을 이성적으로 관철하는 반면 토의는 참석자들이 흉금을 터놓다 답을 구한다. 즉, 토의에서는 타협이 통하는 반면 토론에서는 통하지 않는다. 토론에서는 논제와 관련되지 않은 사항을 이야기하면 상대의 공격을 받기 쉬우며 상대를 존중하나 상대의 의견은 반박의 대상이다.

4. 토론의 역사

토론을 학문의 한 분야로 인식하여 제반 사회 쟁점의 조정과 해결 수단으로 이용한 문명은 그리스와 로마 문명이다. 토론은 근대문명 이전 고대로부터 수 천 년 동안 학문의 한 분야로 자리매김하며 인류 문명에 중요한 역할을 하였다. 토론은 모든 문명과 문화에서 중요하게 다루어져 왔으며 정치체제와 깊은 관련을 맺기도 했다. 토론은 봉건제도인 중세에도 그리고 입헌군주정에서도 중요한 역할과 기능을 하였다. 근대에 들어와 민주주의가 확산되면서 공동체의 의사결정에 시민들의 참여가 증대됨에 따라 토론은 더욱 활발히 이루어졌다.

1) 그리스 문명과 토론

그리스는 이집트와 메소포타미아 문명의 많은 부분을 수용하며 이를 계승 발전한다. 고대 그리스 도시 국가들은 정치 민회에서 정책의 효율성에 관해, 법정에서는 범죄 사실 여부에 관해 그리고 관습이나 가치의 옳고 그름을 판단하기 위해 토론을 벌였다.

그리스에서 토론은 변증법과 레토릭의 한 분야로 인식하여 자기 혹은 소속 집단의 주장, 견해, 의견 등을 어떻게 더 합리적이고 논리적으로 전달하며, 다른 이 혹은 다른 집단의 주장, 견해, 의견 등을 어떻게 받아들이는가를 연구하여 왔다. 변증법은 토론 교육에 있어 찬성과 반대 개념의 원류가 되며 토론 이론의 기초를 이루었으며, 한편 레토릭은 설득의 원리와 기제를 제공하였다.

그리스 공동체 중 아테네는 민주주의를 채택하였는데 정치적, 경제적 사회적, 법적 주요 사안들을 토론으로 결정하였다. 시민들로 구성된 민회에서 주요 사안들인 국방, 외교, 납세, 경제에 관한 정책을 토론하였다. 그리고 법정에서는 공동체의 정의를 실현하기 위해 죄에 대한 유무와 그에 대한 형벌을 따지는 토론이 발전하였다. 그리고 축제 때는 신에 대한 찬양 방법과 현재 공동체가 가져야 할 관습과 가치에 대한 토론이 일상적으로 벌어졌다. 그리스의 토론의 영역을 크게 구분하면 다음 세 가지로 나눌 수 있다.

법정 토론: 아테네 시민들은 누구나 소송을 제기할 수 있었다 (특히 토지 관련 소송). 소송 당사자들은 법정에서 토론을 하게 되었으며 시간을 지키기 위해 물시계가 사용되고 소송의 규모에 따라 변론 시간을 달리하였다.

민회 토론: 정책과 관련한 토론을 주로 하였으며 정책은 미래의 결정을 선택하기 위해 새로운 정책을 발의하는 측과 변화를 반대하는 측이 공방을 벌였다. 이때 정책과 관련한 토론에서는 현상태의 문제점을 지적하고 변화해야 하는 당위성을 강조한 반면 반대측은 현 상태를 유지하거나 다른 대안으로 서로의 주장을 검증하며 효율적 정책을 채택하였다.

예식 토론: 시민들은 신에 대한 축제에 많이 참여하였는데 이때 공동체의 관습과 가치에 대한 논박이 주로 이루어졌다. 예를 들어 "파리스 왕자의 유혹에 넘어가 트로이와 그리스 간 전쟁을 유발한 그리스 왕비 헬렌은 마녀이냐 아니면 여전히 존경해야 할 훌륭한 선조이냐"라는 가치를 논박하는 토론이 대표적이다. 이런 토론에서는 미화법과 과장법 혹은 비난법과 축소법 등 청중의 감정에 호소하는 수사기법이 많이 사용된다.

2) 로마 문명과 토론

로마는 그리스의 문명을 계승하여 토론의 중요성을 인식하고 특히 토론의 실용성을 강조하며 학문으로 발전시켰다. 로마에서 토론은 의회에서나 포럼이란 공간에서 주로 이루어졌으며 로마 의회는 치열한 토론장이었다. 대표적 토론으로는 카이사를 살해한 브루투스와 안토니우스의 토론이라 할 수 있다.

브루투스: 독재를 막고 공화정을 지키기 위해 카이사르를 제거

하였다.
안토니우스: 브루투스를 아들처럼 키워주며 아버지 같은 카이
사르를 살해한 배신자

카이사르를 배신한 로마 정치인 카틸리나의 탄핵에 관한 의
회의 찬반 토론 기록도 유명한 토론의 전형이다. 의회에서 벌
어진 정치 토론은 물론 로마법의 전통과 함께 법정 토론 내용
들이 많이 남아 있다. 기원전 1세기 마르쿠스 키케로는 위에
언급한 의회 토론은 물론 로마 법정의 토론을 기록으로 남겼
으며 토론을 학문으로 정리하였다.

1세기 아우구스투스 황제가 등극한 후 퀸틸리아누스는 토론
을 체계적으로 공교육에 편입하였다. 로마 토론의 교육 내용
중에는 좋은 대본 따라 읽기 및 외우기 교육은 물론 상대를
오류로 속일 줄 아는 기법 등도 포함하였다. 퀸틸리아누스는
덕망을 갖춘 훌륭한 연설가를 길러 내는 것을 로마 교육의 목
표로 삼았다. 퀸틸리아누스가 확립한 교양 교육의 기본 과목 3
과목인 문법, 논리학, 수사학은 이후 현대 서구 교양 교육의
기초로 발전하게 된다.

3) 영국과의 민주주의 토론

18세기에 들어와 민주주의의 확산으로 인해 영국 의회에서
토론이 활발히 이루어졌다. 현대 토론 교육의 의회식 토론은
영국 의회 토론의 전통을 지켜주기 위해 첫 발언자를 수상이

한다. 또 질문자가 일어날 때 머리에 손을 올리는 행위를 하는데 이는 영국 의원들이 가발을 쓰는데 갑자기 일어나면서 가발이 벗겨지지 않게 하기 위한 전통을 계승한 것이다. 영국에서는 14세기 영국 옥스퍼드와 케임브리지 학생들이 대학 간 토론을 최초로 개최했다. 영국의 토론 전통은 식민지인 미국으로 건너가 발전하게 되며 타운 홀 미팅 형의 토론이 18세기부터 발전한다. 미국 타운 홀 미팅 공동체의 자유토론 방식은 지금도 각 공동체마다 다양한 사안에 대해 수많은 타운 홀 미팅이 이루어지고 있다.

4) 미국의 정치토론

미국의 정치 토론은 링컨과 더글러스 간 벌어진 토론회가 유명하다. 총 7차례 치러진 이 토론은 현대 대통령 선거 토론의 원조가 된다. 당시에는 노예제에 대한 찬반이 주요 정치 쟁점이었으며 두 후보의 격렬한 논쟁은 미국 시민들의 관심을 불러일으켰다. 이 토론은 후에 토론 교육에서 일대일 토론으로 링컨-더글러스 방식을 취하고 있으며 주로 가치 토론을 논제로 채택하는 전통을 유지한다. 또한 미국에서는 1960년 대통령 선거에서 닉슨과 케네디가 최초로 대통령 선거 방송토론을 벌였다. 이후 대선 토론은 미국 대통령 선거의 중요한 정치 과정과 제도로서 자리 잡게 되었으며 1997년 한국 대통령 선거에도 이 제도를 도입하게 되었다.

5) 한국의 토론 문화

우리나라는 예부터 "침묵은 금이요 웅변은 은이다", "아는 것이 많은 사람은 말을 삼가고 사물의 이치를 깨치지 못한 사람이 말이 많다"라는 식으로 말의 경솔함을 방지하는 데 관심을 기울여 왔다. 이러한 풍토는 말과 논리를 하찮게 여기는 문화를 형성하게 되는 원인을 제공하게 된다. 특히 민주주의가 아닌 절대 왕정을 유지하며, 토론이 대중들에게 교육의 방법이나 정치적 도구로 기능하지는 못하게 된다.

그러나 1980년대 후반 한국의 민주화가 진척됨에 따라 토론 문화는 급속히 확산되었다. 1990년대에 들어와 대중 매체에 찬반 토론이 등장하기 시작하였으며 지금은 각 방송사마다 고정 토론 프로그램을 방영하고 있다. 2003년부터 KBS는 라디오 채널 하나를 '열린 토론'이란 제목으로 프로그램으로 진행 중이다. 1997년 15대 대통령 선거 토론을 시작으로 대통령 선거는 물론 자치단체장과 의원 선거에서도 토론은 중요한 제도로 정착하고 있다. 토론의 사회적 확산은 물론 교육적으로도 확산되고 있다. 2000년 초부터 토론 교육을 교과 과정에 편성하기 시작하였으며 2000년부터 매년 다양한 전국 대학생 토론 대회가 열리고 있다. 경희대, 서울대, 서울여대, 성균관대, 숙명여대, 이화여대, 연세대, 한동대 등 주요 대학들은 토론 동아리를 만들고 대회에 출전하여 의사소통능력을 함양하고 있다.

5. 토론의 윤리

토론은 말로 하는 즉각적 상호작용 행위이므로 효율적인 언어와 비언어를 표현하는 것이 중요하다. 말로서 직접 얼굴을 맞대고 하는 행위라 감정이 개입되기 쉬워진다. 토론은 감성을 무시할 수는 없지만 감성에 의한 설득보다 논리적 설득을 훈련하는 교육 행위이다. 논리적 구성만큼 예절과 상대에 대한 존중이 중요하다. 또한 토론은 앞으로 있을 사회생활에서 벌어지는 토론을 합리적으로 진행하기 위한 교육의 수단이다. 그러므로 교육 토론에서는 민주시민의 자질을 기르는 것이 중요하다. 민주주의는 의사표현이 자유와 권리를 보장하고 있으나 공동체 구성원의 일부로서 이에 대한 책임이 따르기 때문이다.

첫째, 의사표현의 자유란 관점에서 개방성과 관용성이다. 토론에서 제시하는 내용에 대해 개방적이어야 하며 관용적이어야 한다. 사고와 가치에 대해 개방적이어야 하며 쟁점 해결을 위해서는 가능한 모든 생각과 사고를 표현할 수 있는 장이어야 한다. 상대의 생각이나 사고를 관용적으로 청취해야 한다. 이는 상대의 생각과 사고를 수용하라는 것은 아니다. 상대의 사고와 생각의 오류와 허점은 비판 대상이지만 상대의 생각과 사고를 합리적으로 근거 없이 비판하는 행위는 삼가야 할 것이다. 자신의 주장이 절대적으로 옳다는 생각을 버리고 상대 주장이 더 합리적이라고 받아들일 때 인적으로 성숙할 것이다.

토론은 생각과 사고의 자유 시장으로서 담론의 공간이다.

둘째, 의사 표현의 자유에 따른 책임으로서 토론의 윤리는 토론 구성원(팀원, 상대팀원, 청중)들에 대한 존중이다. 상대의 주장은 반격 대상이나 인물은 반격 대상이 아니다. 인신 공격성 발언은 삼가야 한다("말도 안 됩니다", "유아적 발상입니다"). 상대방의 주장에 무시, 격분, 가소로움, 어처구니없음을 나타내는 비언어적인 행위를 삼가야 한다.

셋째, 협동심을 발휘해야 토론은 승리할 수 있다. 같은 팀 구성원에 대한 예의도 갖추어야 한다. 팀원이 상대의 공격에 적절히 대처하지 못한다고 해서 얼굴을 붉히거나 실망스런 표정을 하지 말아야 한다.

넷째, 토론의 윤리로 정직성이다. 근거, 증거, 자료 등은 토론에 중요한 역할을 한다. 근거와 자료 제시 그리고 인용은 정직하게 해야 하며 상대의 증거 요청에는 솔직하게 대답해야 한다. 쟁점에 대한 합리적 판단을 내리기 위해 청중은 정보에 대해 알 권리를 가진다. 사례, 통계 자료, 인용, 전문가 의견 등을 논거로 제시할 때는 정확하고 구체적으로 출처를 밝히는 것이 원칙이다.

다섯째, 토론 윤리로 공공성과 공익성이 있다. 토론은 공공의 장소에서 펼쳐지는 언어 행위이다. 그러므로 특정 계층이나 집단에 편견을 갖고 폄하하거나 상대의 감정을 자극하는 것을 목적으로 하는 비속어 사용은 자제해야 한다.

여섯째, 토론은 공정하게 진행되어야 한다. 토론이 가진 경쟁의 원리는 토론자들의 교육 동기를 자극한다. 그러나 목적

은 경쟁에서 이기는 것이 아니라 토론을 학습하는 것이다. 공
정성이 보장될 때 최대의 교육 효과를 얻을 수 있다. 토론에서
심사자들도 공정성을 잃지 말아야 한다. 면식이 있는 토론자라
고 해서 혹은 토론자의 주장이 심사자 자신의 가치와 이념과
동일하다고 해서 더 좋은 평가를 내리는 경우가 없어야 한다.

6. 토론의 유형

1) 일반 토론

현재 우리는 매스컴을 포함한 여러 영역에서 다양한 토론
방식을 접하고 있다. 심포지엄(symposium)은 주로 학문적인
주제에 대해 그 분야의 전문가 3~5명이 강연식으로 주제 발
표하고, 그 후에 청중도 질의 응답형식을 통해 참가하는 방식
의 토론이다. 또한 포럼(forum)은 원래 고대 로마에서 공개 토
론을 행한 광장을 뜻하는 말이었는데, 이것이 오늘날 공공의
문제에 대해 공개토의를 하는 것으로 의미가 바뀌었다. 포럼
이란 공공장소에서 공공의 문제에 대해 공개적으로 토론하는
방식이다. 한두 사람의 화자가 등장하여 일정한 주제에 관하
여 자신의 견해를 발표하고, 청자들과 질의응답이 따르는 강
연이라 할 수 있다. 패널(panel)토론은 흔히 배심원 토론이라
고도 하는데, 특정 문제를 해결하거나 해명하는 목적으로 그

문제에 특별히 관심이 있거나 경험이 있는 사람을 배심원으로 뽑아 청중 앞에서 공동 토의를 진행하도록 하는 것이다. 원탁 토론(round table discussion)은 10명 내외의 사람들이 모여 순서에 구애받지 않고 자유롭게 어떤 주제에 대한 이해를 더하는 것이 목적이므로 형식과 내용이 가장 자유로운 토의 방식으로, 일반적으로 사회자를 정하지 않는다.

2) 아카데미식 토론의 유형

미국에서는 1920년대에 처음 대학 토너먼트를 열었다. 1947년에는 미국 육군사관학교에서 전국 대학생 토너먼트가 처음 열린 후 토론 문화는 대학에 급속히 확산되었으며 이후 각 대학은 인접한 대학과 토론 시합을 상시로 벌었다. 미국 3,000여 개 대학에서 토론 팀이나 동아리가 없는 학교는 거의 없다. 1985년(American Debate Association, ADA) 전국적 토론학회 3개가 되었다. 세계적으로는 세계학생토론대회와 국제 철학 올림피아드가 유명하다.

(1) CEDA(Cross Examination Debate Association) 유형

CEDA 방식의 토론은 교차조사 방식의 토론이다. 각 팀은 2명씩 구성되며 각 토론자는 입론-질문-반박을 한 번씩 총 3번의 발언 기회를 가진다. 1947년 미국 육군 사관학교에서 전국 토론연맹이 전국 대학생 토론 대회를 열고 매년 정기적으로 진행하였다. 다른 토론 형식보다 다소 복잡한 면이 있지만 상대측 주장을 귀담아듣고 즉석에서 질문을 구성하거나 반박해야 하기 때문에 자기주장만 늘어놓는 종래의 토론 형식보다 더 발전한 것이다.

CEDA 방식은 '어느 쟁점을 질문하고 어느 쟁점을 반박할 것인가'에 대해 결정하는 것과 '상대의 발언이 끝난 후 어떤 쟁점에 대해 반박할 것인가'를 선택하기 위해 작전타임을 적절히 잘 활용하는 것이 중요하다. 또한 교차조사 형식은 주로 정책 토론의 논제를 많이 선정하지만 가치 토론의 논제로 토론을 하는 경우도 많이 있다.

교차조사 방식 토론 진행 순서(미국 CEDA협회)

순서	토론 절차	발언 시간
1	긍정측 첫 번째 토론자의 입론	9분
2	부정측 두 번째 토론자의 교차조사	3분
3	부정측 첫 번째 토론자의 입론	9분
4	긍정측 첫 번째 토론자의 교차조사	3분
5	긍정측 두 번째 토론자의 입론	9분
6	부정측 첫 번째 토론자의 교차조사	3분
7	부정측 두 번째 토론자의 입론	9분
8	긍정측 두 번째 토론자의 교차조사	3분
9	부정측 첫 번째 토론자의 반박	6분
10	긍정측 첫 번째 토론자의 반박	6분
11	부정측 두 번째 토론자의 반박	6분
12	긍정측 두 번째 토론자의 반박	6분
작전 타임	준비 시간 10분(긍정측, 부정측 팀당 5분 혹은 4분)	총 72분(작전타임 제외)

(2) 링컨 - 더글라스 토론 형식

이 토론은 일대일 토론 방식이며 주로 가치 논제를 다루나 필요에 따라 정책 논제를 택할 수 있다. 이 토론 형식은 1858년 일리노이 주 상원 의원 선거 캠페인 중 아브라함 링컨과 스테판 더글라스 사이에 있었던 노예제도에 관한 토론에 기인한다. 당시 더글라스는 상원의원이었으며 경제 문제 때문에 노예제를 일정 기간 유지해야 한다는 입장이었으며 링컨은 노예제를 폐지해야 한다는 입장이었다. 1858년 8월 21일부터 10월 15일까지 총 7차례 진행된 이 토론을 기념하기 위해 형식을 개발하고 링컨-더글라스(Lincoln-Douglas)방식이라 칭하였다.

링컨-더글라스 방식은 일대일 토론의 형태를 취하고 있어 주장과 반박의 부담이 한 사람에게 집중된다. 또한 가치의 논제를 두고 토론하기 때문에 구체적이고 복잡한 주제 분야 보다 일반적이며 보편적인 주제가 많다. 그러므로 토론 내용 또한 일반적인 근거가 많이 제시되며 개괄적인 사안을 많이 다룬다.

링컨–더글라스 방식 토론 진행 순서

순서	토론 절차	발언 시간
1	긍정측 입론	6분
2	부정측 질문	3분
3	부정측 입론	7분
4	긍정측 질문	3분
5	긍정측 반박	4분
6	부정측 반박	6분
7	긍정측 반박	3분
		총 32분

(3) 의회 토론 형식

의회형 토론(parliamentary debate)은 영국의회 토론의 전통을 반영한 것으로 1820년대 생긴 옥스퍼드와 케임브리지대학 학생회가 행하던 토론형식에 기초를 둔 것이다. 각 팀은 2인으로 구성하는 것을 원칙으로 하고 있으며 그중 긍정측의 한 명은 수상이라 지칭하고 긍정측의 다른 한 사람은 여당의원이라 하며 부정측의 한 명은 야당 대표라 하며 부정측의 다른 한 명은 야당 의원이라 한다. 그리고 한 팀을 세 명의 토론자로도 구성할 수 있으며 이때 세 번째 토론자의 입론을 두 번째 토론자 다음에 편성하면 된다. 논제는 교차조사 방식처럼 미리 선정하여 사전에 준비하도록 하는 경우와 논제를 토론장에서 시작 전에 공개하는 방법이 있다.

의회 토론 형식은 논제를 미리 주지 않지만 여러 개의 주제를 주거나 논제의 영역만 주는 경우가 많기 때문에 토론자들은 모든 논제를 사전에 모두 준비한다는 것이 불가능하다. 의회 토론 준비는 논제 영역에 폭넓은 조사와 이해가 승패의 중요한 요인이 되며 지식의 깊이나 양보다 알고 있는 지식을 주어진 시간 내에 논리적으로 구성하는 능력을 배양하기에 좋은 형식이다. 의회 토론에서 정책이나 가치 논제를 선택할 수 있으나 가치 토론의 논제도 의회라는 특수성을 감안하여 정책의 방향을 제시하는 것이 바람직하다.

이 형식은 약간의 수사적 기법이나 유머러스한 표현도 허용하고 있기 때문에 현재 미국 대학에서 가장 인기 있는 방식으

로 채택되고 있다. 또한 토론의 논제가 토론 시작 전에 주어짐
에 따라 확실한 근거가 뒷받침된 주장보다는 추론능력, 일반
지식, 그리고 전달기술이 승패의 관건이 된다.

의회식 토론 진행순서

순서	토론 절차	발언 시간
1	수상의 입론	7분
2	야당 대표의 입론	8분
3	여당 의원의 입론	8분
4	야당 의원의 입론	8분
5	야당 대표의 반박	4분
6	수상의 반박	5분
		총 40분

(4) 칼 포퍼 토론 형식

칼 포퍼는 "지식이란 예측과 반론을 통해 진보한다"라고 하
며 인간의 이성은 오류를 내포할 확률이 많다고 보았다. 인간
은 오류에 대해 개방적이며 반론을 통해 오류를 배우고자 하
는 자세를 가져야 한다고 주장했다. 그러므로 우리가 이미 안
다는 것에 대해 합리적 비판은 중요하다고 강조하였다. 이러
한 칼 포퍼를 기념하기 위해 개발된 이 방식은 3명의 토론자
가 한팀이 되는 토론이다.

각 팀은 한 번의 입론과 두 번의 반박을 하며 두 번의 교차
조사를 한다. 다른 형식의 토론은 두 번의 입론으로 이루어지
지만 이 형식에서는 반박이 두 번 이루어지며 반박에 대한 교
차조사가 있는 것이 특징이다. 입론에 대한 교차조사도 하지

만 각 팀의 첫 번째 반박에 대해서도 교차조사를 한다. 그러나 마지막 반박은 질문을 하지 않는다. 두 번째 토론자는 한 번만 발언하게 된다. 다른 형식과는 달리 칼 포퍼 방식의 특징은 긍정측이 마지막 발언 기회를 갖는 것이 아니고 부정측이 마지막 반박의 기회를 가진다. 이는 긍정측이 입증의 책임을 지며 토론의 부담을 많이 가진다는 다른 토론 형식의 전제와 반대되는 것이다. 긍정측의 '변화의 입증 책임'만큼 부정측의 '현상 유지 책임'이 존재한다고 전제하며 부정측을 마지막 발언 기회로 편성한 형식이다. 다른 토론의 형식에서는 부정측은 긍정측의 쟁점을 부정하면 승리할 수 있다. 다시 말해 부정측은 '긍정측이 틀렸다'라는 것을 반증하면 점수를 얻을 수 있지만 칼 포퍼 방식에서 부정측은 '상대방의 주장은 틀렸으며 우리가 맞다'라는 증명의 책임을 지게 된다.

칼 포퍼 방식 토론 진행순서

순서	토론 절차	발언 시간
1	긍정측 첫 번째 토론자의 입론	6분
2	부정측 세 번째 토론자의 질문	3분
3	부정측 첫 번째 토론자의 입론	6분
4	긍정측 세 번째 토론자의 질문	3분
5	긍정측 두 번째 토론자의 반박	5분
6	부정측 첫 번째 토론자의 질문	3분
7	부정측 두 번째 토론자의 반박	5분
8	긍정측 첫 번째 토론자의 질문	3분
9	긍정측 세 번째 토론자의 반박	5분
10	부정측 세 번째 토론자의 반박	5분
	작전 타임	각 팀당 8분
		총 52분

7. 토론의 논증과 논제

1) 토론의 논증

(1) 합리적 설득

토론은 일종의 공적인 의사소통 행위이다. 또한 단순히 일방적인 의사소통 행위가 아니라 쌍방적인 의사소통 행위이다. 토론은 서로 대등한 입장이라는 전제 아래서 상대방을 설득하고자 하는 노력행위이다. 따라서 토론은 기본적으로 논증을 통한 설득적 말하기이다. 토론에서 논증은 상대방을 합리적으로 설득하는 가장 중요한 수단이기 때문이다. 토론이란 논증을 통해 어떤 논제에 대해 분별력 있는 판단에 도달하는 과정이라 할 수 있다. 즉, 토론은 일종의 논증활동인 것이다.

논증은 어떠한 모순도 없어야 하며 처음부터 끝까지 일관되어야 한다. 논증은 아주 조그만 빈틈이나 잘못도 용납하지 않을 만큼 엄격하고 세밀해야 한다. 이러한 논리적 엄밀성은 토론의 생명으로서 토론의 기술에서 가장 주요한 항목이자 가장 까다로운 항목이기도 하다. 따라서 정확한 상황판단과 객관적인 정보에 의지해서 주장을 해야 하고, 또 그 반대로 상대방의 주장도 그러한 기준 아래서 평가해야 한다. 따라서 논증은 핵심적인 쟁점을 잘 다루고 있어야 하며, 주장을 지지하는 근거들이 객관적이어야 한다. 또한 주장과 그 주장을 지지하는 근거 사이의 연관성이 충분해야 한다.

(2) 논증의 요소

논증은 단순히 주장이 아니라 그 주장의 근거 그리고 주장과 근거 사이에 성립하는 관계가 중요하다. 논증적으로 말한다는 것은 자신의 주장이 정당함을 상대방에게 합리적으로 입증하는 것이다. 따라서 자신의 주장이 정당하다는 것을 신빙성 있는 근거를 제시하며 타당하게 입증해야 한다. 논증이란 자신의 관점을 뒷받침하는 근거를 활용하여 상대방에게 동의하도록 설득해야 하는 것이다. 그리고 주장과 근거를 연결해주는 이유가 포함될 때 완전한 논증이 될 수 있다. 즉, 완전한 논증은 단순한 주장에 그치지 않고 그 주장을 지지하는 근거와 이유가 유기적으로 연결된 논증이다.

- 주장(Argument): 주장은 정당화시키고자 하는 결론이나 목적을 말하며, 논증이 도달하고자 하는 논증의 귀결점(결론)으로서 글에서는 어떤 문제에 대한 핵심주제이다. 또한 주장은 내용을 뒷받침하는 증거나 정당화가 없는 순수 진술이다.
- 이유(Reasoning): 정당한 이유란 근거로부터 주장으로의 논리적 이동이 정당한가를 평가하는 기준이다. 근거가 있다고 해서 근거가 주장을 곧바로 지지해 주는 것은 아니며 주장을 뒷받침한다는 것을 정당화해주는 충분한 이유가 있어야 한다. 이를 정당한 이유라고 한다.
- 근거(Evidence): 근거란 논증이 기초로 하는 자료, 정보, 사실 등을 말하며, 논증의 기반 또는 논증을 이루는 가정이다. 근거는 주장을 믿을 만한 것으로 만들어 주는 정보나 증거, 자료 등을 총칭한다. 따라서 객관적 근거가 제시되지 않은 단순한 주장은 독단일 뿐이다.
- 뒷받침: 뒷받침은 근거나 정당한 이유에 대한 2차적 근거가

된다. 근거나 정당한 이유가 재차 다른 논증에 의해 정당화되어야 할 필요가 있는 경우에 근거나 정당한 이유 등을 다시 지지해 주는 근거가 뒷받침이다.

2) 토론의 논제

무엇에 대해 토론할 것인지를 명확하게 해야 하는 것은 우선 토론의 논제를 명확하고 분명하게 서술해야 한다는 요구이다. 또한 어떤 사안에 대하여 쌍방의 의견이 부딪치게 되는 핵심 쟁점, 혹은 중심적 문제이다. 논제는 어떤 토론이 무엇에 관한 토론인지를 전체적으로 정의해 주는 역할을 하며, 토론 참가자가 그날의 토론에서 자신이 무엇을 주장해야 할지를 파악하게 한다. 논제는 내용에 따라서 사실, 가치, 정책에 대한 논제로 구분된다.

(1) 사실 토론 논제

사실 문장(명제)은 어떠한 일이 일어났다는 것을 기술하고 묘사하는 문장이다. 이러한 문장을 대개 참이나 거짓으로 평가한다. 사실 논제는 주장의 시점에 따라서 과거의 사실, 현재의 사실, 미래의 사실 등으로도 나눌 수 있다.

- 과거의 사실: 사실에 관한 토론은 대부분이 과거의 사실에 대한 논제를 선택한다. 특히 법정 토론에서는 과거에 관한 사실 토론이 주로 이루어진다. 그리고 과거의 역사와 관련된 공방도 사실 논제를 중심으로 한 토론이다.

- 현재의 사실: 현재 사실에 관한 예로는 대통령 선거나 국회의원 선거에서 국민들이 어떤 후보를 지지하는가를 알아보는 좋은 방법 중의 하나가 여론조사이지만 때로는 여론조사를 통하여 수집한 자료를 어떻게 해석해야 하는지에 대해서도 공방을 벌이게 된다.
- 미래의 사실: 미래 사실의 예측에 대한 부분도 하나의 토론이다. 가령, 행정수도 이전을 둘러싼 공방의 경우, 한편에서는 행정수도 이전을 감행할 경우 수도권의 공동화나 부동산 값 폭락이 뒤따를 것이라는 주장을 내놓고, 다른 한쪽에서는 급작스러운 수도권의 공동화나 부동산 값 폭락은 없을 것이라고 주장한다.

(2) 가치 토론 논제

가치에 관한 토론은 현상에 대한 평가적 주장으로 이루어진다. 우리는 어떤 대상, 사람, 생각, 사건 등에 대하여 긍정적이거나 부정적인 반응이나 태도를 표명한다. 바로 이러한 긍정적 혹은 부정적인 느낌, 태도 등을 나타내는 표현들을 '가치어'라고 부를 수 있다.

가치 논제는 태도, 믿음, 이념, 생각, 조건 그리고 행위의 가치에 찬성과 반대를 표현한 서술문의 형태로 나타난다(옳다, 잘못되었다, 좋다, 나쁘다, 바람직하다, 공정하다, 뛰어나다, 훌륭하다, 열등하다). 또한 가치 논제는 어떤 특정의 가치를 승인, 인정하거나 또는 부정하는 주장, 그리고 하나의 가치를 다른 가치와 비교하는 주장 등으로 이루어진다.

(3) 정책 토론 논제

정책 논제는 말 그대로 우리가 원하는 모습이 무엇이며, 그것의 실현을 위하여 어떤 행동을 새롭게 해나가야 할 것인지에 대한 주장이다. 정책에 대한 논쟁은 항상 사실과 가치와 관련된 질문들에 대한 하위적인 논쟁을 포함한다.

국회나 정부에서 법률안의 제정을 놓고 이루어지는 공방이 정책 논제에 대한 대표적인 토론이다. 민간의 기업체나 조직에서 이루어지는 일상적인 토론의 대부분도 정책 논제에 대한 공방이다. 개인적인 차원에서 집이나 자동차와 같은 값비싼 물건을 사고팔 때, 혹은 학교나 전공, 직업의 선택과 같은 중요한 결정을 앞에 두고 우리가 벌이는 여러 가지 궁리도 모두 정책적 논제에 관한 갈등이다.

제2장
토론 수업과 구성주의 학습

1. 들어가는 말

정보사회로 규정되는 현대사회에서는 컴퓨터와 미디어의 획기적인 발전과 융합에 의해 날마다 새로운 방식의 정보가 산출되며, 그렇게 산출된 정보들의 결합에 의해 끊임없이 다양한 형태의 문화현상들이 만들어진다. 그동안 산업사회에서는 집단화, 표준화, 보편화의 개념으로 인해 인간에게 순종을 요구하였지만 정보화 사회에서는 이러한 것들이 개인화, 다양화, 창의성으로 대체되었고, 스스로 판단할 수 있는 주체적인 인간을 필요로 하고 있다. 또한 이러한 정보화의 진행에 따라 개인 간의 관계는 수평적이고 다원적인 관계로 전환되어 '탈중심성(decentralization)'의 모습으로 변화되었다. 이러한 사회에서 요구되는 것은 정보의 홍수에 의해 야기되는 불확실성 속에서 다양한 정보들을 비판적으로 분석할 수 있는 능력과 수많은 정보의 결합으로 인한 불확실한 상황에서 문제를 해결할 수 있는 문제해결력 그리고 어떤 패턴에서 다른 패턴으로 다양한 정보들을 맥락에 따라 구성할 수 있는 창의력일 것이다.

이제 19세기 말 산업혁명이 교육제도 전반을 혁신적으로 바꾸어 놓았던 것처럼 정보화 사회 역시 새로운 교육관과 교육체제의 출현을 강력하게 요구하고 있다. 오늘날 교육은 산업사회에서 수행했던 전통적인 역할과 기능의 변화를 강요받는 대상인 동시에 정보화 사회에 적합한 대안적 역할과 기능을 제시해야 할 주체로서, 새로운 교육 패러다임의 창출을 요구받는 전환기에 처해 있다고 할 수 있다.

따라서 현대사회가 요구하는 이러한 능력을 효율적으로 교육하기에 적합한 프로그램으로 토론 교육[111]이 대안으로 부상하고 있다. 토론 교육의 목적은 주어진 문제를 비판적으로 분석하고 그 분석을 토대로 합리적인 해결책을 찾을 수 있는 능력을 심어주는 데 있다. 의무적으로 요구되는 학교 학습을 넘어서는 것으로서 토론을 통한 학습은 결국 구체적인 사태 속에서 학습자 스스로가 주체가 되어 자신의 학습활동을 주관하게 된다. 그리고 자신의 학습 과정을 반성함으로써 학습의 능력을 신장시킨다. 또한 토론 학습은 구체적 주제를 맥락성을 강조하여 해결해 나가며, 자신 만의 생각이 아닌 여러 사람과 협동하여 상호 보조적으로 학습해 나갈 수 있는 대표적인 학습 방법이라 할 수 있다.

---

111) 일반적으로 '토의'를 협의로 '토론'을 논쟁으로 이해하여 엄밀한 구분을 하는 경우가 많이 있다. 또한 토론 기법을 교육하는 것과 토론을 통해 사고력을 배양하는 것도 구분될 수 있다. 그러나 토론의 구체적인 방식이 아닌 토론의 장기적인 발전을 위해 그 인식론을 다루는 본 논문의 성격상 이러한 구분을 두지 않고 외연을 넓혀 논의하도록 하겠다.

하지만 토론의 이러한 장점에도 불구하고 토론 교육의 방향에 대한 심도 있는 논의와 반성이 없다면 토론 교육의 의미는 곧 퇴색될 것이다. 단지 토론이라는 장르를 배우는 교육이라면 분석을 통해 합리적인 해결책을 찾기 위한 방법으로서의 토론교육은 요원해지기 때문이다. 현재 대학에서 이루어지고 있는 토론교육을 보면 토론의 장점을 제대로 살리지 못하고 또 하나의 주입식 학문으로 자리매김하는 것은 아닌가 문제의식을 갖게 된다. 토론은 그 자체로 하나의 학문이라기보다는 개별 학문을 효율적으로 연구하기 위한 예비 학문적 성격이 강하다. 그런데 현재 대학에서 이루어지는 토론 수업은 학생들이 토론 교육을 통해 지식을 반성하고 때론 협동하여 더 높은 차원의 지식으로 나아가는 방법을 배우기보다는 토론 스킬에 대한 교육에 치중하는 모습을 보이는 것이 사실이다.[112]

이러한 문제는 토론교육의 성과가 실제 사회에서 어떻게 활용될 것인가에 관련된 문제의식이 전반적으로 약한 사실에 근거하기도 하며, 토론 교육의 목적이 정립되지 않아서 이기도 하다. 그러나 필자는 이보다 더 근본적인 문제를 다루고자 한다. 하나의 교육 프로그램이 기존의 것과 질적으로 구분되기

---

112) 박상준, 「대학 토론교육의 문제와 해결방안 시론–토론교육의 목적을 중심으로」(『어문학』 25, 2009), pp.41~3 참조. 박상준은 그의 논문에서 10여 개 대학의 말하기 및 토론 관련 강좌의 '강의 목표'와 '강의 진도 계획'을 분석하여 이러한 문제를 분석하였다. 본 논문은 이러한 문제의 더 근본적인 문제인 인식론적 바탕에 대해 다룰 것이다. 하나의 교육 프로그램이 기존의 것과는 질적으로 구분되기 위해서는 일차적으로 기존의 것이 근거하고 있는 것과는 다른 인식론으로부터 출발해야만 한다. 하나의 학습론이 제안하고 있는 학습의 방법이나 원리 등이 하나로 구조화되지 못하고 단편적인 기법이나 원칙의 수준에 머무른 가장 근본적인 원인이 학습론에 걸맞은 인식론적 관점이 부재하다는 데에 있을 것이다. 따라서 본 논문에서는 구체적 사례를 통한 예시보다는 큰 방향을 제시하는 일반론으로 논의를 전개해 나갈 것이다.

위해서는 무엇보다 기존의 것이 근거하고 있는 기반과는 근본적으로 다른 인식론으로부터 출발해야만 한다. 새로운 인식론으로부터 '앎이란 무엇이며, 앎의 과정이 어떻게 이루어지는가'를 끌어낼 수 있어야만 이에 근거하여 하나의 체계적인 학습론을 논의할 수 있다. 하나의 학습론이 제안하고 있는 학습 방법 등이 하나로 구조화되지 못하고 단편적인 기법의 수준에 머무르는 가장 근본적인 원인이 학습론에 걸맞은 인식론적 관점이 부재하다는 데에 있을 것이다.

그러면 토론은 어떠한 인식적 틀을 가져야만 하는가? 필자는 토론의 구성주의적 요소에 주목하고자 한다. 구성주의는 정보화시대를 맞이하여 시대적 요구를 충족시킬 수 있는 대안적 방편으로 광범위한 지지를 받고 있다. 구성주의에서 규정하는 지식은 세계를 해석하는 단 하나만의 '진리'와는 거리가 있다. 지식은 어떤 현상에 관한 단일한 방식과 시각을 의미하는 것이 아니며, 상황과 맥락에 따른 여러 방식과 시각을 의미한다. 각 개인은 다른 사람과 마찬가지로 자기만의 시각을 가지고 있고, 여러 개인은 상호 접촉과 교류를 통해 시각을 교정하고 수정하면서 자기만의 지식과 현실을 구성하게 되는 것이다.[113] 이러한 구성주의의 특성이 일반적으로 토론 교육에서 바라는 교육 효과와 별반 다르지 않다. 인식적 틀이 없는 상태에서의 토론 교육은 토론 고유의 반성과 협동을 통한 새로운 지식 창출과는 거리가 먼 토론 스킬을 연습하는 또 하나의 주

---

113) 배영주, 『자기주도학습과 구성주의』(서울: 원미사, 2005), p.84.

입식 교육이 될 가능성이 클 것이다. 따라서 본 논문에서는 토론 교육에 구성주의적 인식 틀을 도입하고자 한다.

먼저 현재 이루어지고 있는 토론 교육의 문제점을 점검해 보고, 다음으로 구성주의의 인식론을 간단하나마 정립할 것이다. 그리고 토론 수업이 구성주의 학습으로서 기능할 수 있는 방법을 생각해 볼 것이다. 그러나 본 논문의 목적은 토론에 대한 인식론적 자리매김을 하는 것이기 때문에 구체적 대안보다는 토론 교육의 지향점과 강조점을 구성주의를 통해 제시하는 데 의미를 두려고 한다.

2. 토론 수업의 반성적 검토

토론은 합리적 사회의 의사결정수단이며, 사회에 대해 비판적 기능을 할 수 있는 장이 된다. 따라서 토론교육의 목표는 실제로 언술에 능하지는 못하더라도 토론 및 그 준비과정 속에서 문제를 비판적으로 분석하고 그 분석을 토대로 합리적인 해결책을 찾을 수 있는 능력을 심어주는 것이 되어야 할 것이다. 토론교육의 방향이 이러할 때 현대사회가 대학에 요구하는 과제를 실현하기에 적합한 프로그램으로 인정받을 수 있다. 현대 사회 속에서 주어지는 많은 문제들에 대해 토론을 한다고 해서 그 결론이 무조건 합의된 의견이라고 할 수는 없다. 현대사회는 다양한 정보와 자유로운 의사결정이 결합되어 산출된 서로 다른 가치관과 세계관을 인정하며 그 나름의 차이를 하나의 관점으로 환원시키려고 하지 않기 때문이다. 그럼에도 다양한 의견이 존재하는 사회에서 토론을 한다는 것은 서로 다른 차이가 무엇인지는 깨달을 수 있고, 더 나아가 그 차이를 인정하여 다양한 가치관과 합리성을 체험할 수 있는 장을 경험한다는 의미가 있다. 즉, 토론 속에서 우리는 완전한 합일에 도달할 수는 없을지라도 적어도 문제해결의 가능성과 한계가 무엇인지는 알 수 있는 가능성을 발견하게 된다. 바로 이런 의미에서 토론은 합리적 의사결정수단일뿐만 아니라 열린사회를 가능케 하는 비판적 기능을 지닌다고 할 수 있다. 그리고 토론이 이루어지는 사회는 그 사회의 내재적 원리들이 반성되는 이성적 사회라고 할 수 있다. 왜냐하면 토론에서 나타나는 다양한 의견의 차이는 곧 그 사회를 구성하는 집단과 개인이 가진 의견의 차이를 반영하는 것이기 때문이다.

토론 교육의 이러한 장점에도 불구하고 현재 대학에서 행해지고 있는 토론 관련 과목들의 실제 생활과 일반 수업에서의 기여도는 의구심이 든다. 이는 현재 이루어지고 있는 토론 수업은 토론 자체가 가지고 있는 구성주의적 장점을 잘 살리지 못하고 현실과 동떨어지고 정해진 룰 안에서 승패를 가르는 게임화 경향을 가지고 있기 때문이다.[114] 무엇보다 토론 교육의 목적에 대해 명확하게 정립되지 못하여 교육의 방향에 혼선이 있다는 점은 큰 문제이다. 토론교육이 커뮤니케이션 스

---

[114] 현재 대학 교양 과목과 토론 대회에서 다루어지는 CEDA, 의회식 토론 등 대부분의 토론 교육이 승패 위주의 실제 토론 교육으로 이루어져 있다.

킬의 향상 및 비판적 사고능력의 함양 등과 같은 기초적인 의사소통능력의 배양에 효과적이라는 사실에 대해서는 공감대가 형성되어 있으나, 이러한 효과를 낳는 것이 토론교육의 목적으로 충분하고도 적절한 것인지에 대해서는 깊은 고민과 충분한 논의가 부족한 것이 사실이다.[115]

가장 이상적인 토론 교육은 크게 네 단계로 이루어져야 한다. 첫 번째는 논제를 설정하는 단계이다. 토론을 한다는 것은 갈등 상황이 있다는 것을 전제한다. 이때 문제는 이 갈등상황에 대해 자신의 입장을 정확하게 논제로 표현하는 것이다. 어떠한 토론이 성공적인 토론이 되기 위해서는 토론자들이 서로의 입장 차이가 무엇인지 정확히 확인해야 한다. 그리고 그 입장들의 조율 가능성은 무엇이며 해결 가능성은 무엇인지를 확인해야 한다. 이러한 것을 위한 전제는 문제 상황을 정확하게 주제화시키는 작업인데 이것이 곧 논제설정이다. 즉, 논제는 토론에서 논쟁의 핵심쟁점을 의미하므로, 적합한 논제를 정하는 과정은 상황을 총체적이고 정확하게 판단하는 훈련을 하는 것이다.

두 번째 단계에서 이루어지는 것은, 논제에 대한 논점을 분석하는 작업이다. 이때 논점을 분석한다는 것은 다양하게 얽힌 주장들을 주제별로 구분하고 정리하는 것을 의미한다. 따라서 이 단계에서는 무엇보다 분석적 사고력이 요구된다.

세 번째 단계로 설정되는 것은 토론 개요서를 작성하는 훈

---

115) 박상준, p.32.

련이다. 이 단계에서 학생들은 모든 논거들을 논점 분석한 것들에 대해 그에 합당한 증거자료들을 찾아 정리하는 훈련을 한다. 따라서 이 단계에서 요구되는 것은 종합적 사고력이다.

이러한 일련의 과정이 모두 준비된 상태에서 마지막으로 주어지는 것이 실제 토론을 하는 단계이다. 실제로 토론을 하는 가운데 학생들은 합리적으로 의사소통을 한다는 것이 무엇인지를 배우게 되며, 논리적 사고력 이외에 효과적인 설득을 위해서는 적합한 표현기술이 중요함을 배우게 된다. 따라서 토론 교육에서 실제 토론을 하는 것은 교육과정의 중심부라기보다는 이제까지 훈련한 것을 실습하는 것으로서 마무리 과정으로 보는 것이 합당할 것이다. 즉 실제 토론 스킬은 토론을 통한 학습의 한 부분으로 인식할 필요가 있다.

그러나 현재 대학에서 이루어지는 토론 수업은 실제 토론에 대부분의 시간을 할애하는 경향을 보이고 있다. 그것도 몇 가지 정해진 주제를 토론 룰에 따라 토론 스킬을 채득하는 양식으로 이루어지는 것이 현실이다. 이는 토론이 가지고 있는 최고의 가치인 '반성과 협동을 통한 지식의 창출'과는 거리가 멀다.

현재 대학의 토론 수업은 다양한 토론 수행학습 방식을 모색, 개발하기 위해 시야를 넓히기 보다는 찬반토론을 학습하는 형태로 나아감으로써 기존의 주입식 교육과 비슷한 양상을 보이는 모순에 빠져있는 것으로 보인다. 대학의 토론 수업은 여러 토론 방식을 응용할 수 있도록 방식을 확장할 필요가 있다. 지식을 창출할 수 있는 도구로서의 토론 교육이 아니라 토론이라는 정형화된 과목을 배우는 토론 교육은 자신의 정체성을 잃은 학습이라는 인식이 시급할 것이다. 따라서 토론의 가장 본질적인 특성을 정립하고 교육의 방향을 설정하는 작업이 선행되어야 한다. 토론이라는 학습 도구가 구성주의의 입장을 수용하여 발전시킬 때 토론 교육의 목적을 달성할 수 있을 뿐 아니라 토론 교육의 발전적 전기를 맞을 수 있을 것이다.

3. 구성주의 인식론

1) 인지적 구성주의와 사회적 구성주의

구성주의는 1970년대 '지식 획득에 대한 급진적 구성주의의 접근'이라는 연구에서 시작되었는데, 이후에는 지식 구성 과정에 미치는 요소의 관점에 따라 다양한 접근이 이루어지고 있다. 즉, 인간과 환경의 상호 작용 관계에서 볼 때 학습자를 내인적(endogenous) 존재로 인식하는 급진적 구성주의(radical constructivism)와 학습자를 외인적(exogenous) 존재로 인식하는 사회적 구성주의(social constructivism)로 나뉜다.

구성주의 인식론을 성립시키는 데는 피아제와 비고츠키가 특히 많은 영향을 미쳤다. 인지적 구성주의(cognitive constructivism)는 피아제의 이론에서 발전된 것으로 개인의 내부에 있는 인지적 처리 과정에 초점을 맞춘다. 피아제의 인지이론에 의하면 인지 구조가 발달하는 데는 생득적 요인인 성숙과 더불어 환경적 요인이 크게 작용한다. 이러한 요인은 적합한 방식으로 통합하는 조정을 통해 평형화를 이루는데, 이는 자신의 인지 구조를 형성하고 재구성하는 인지 발달의 핵심 기능이다. 다시 말해, 최적화되어 가는 평형상태로의 진행이 발달이라고 보는 피아제의 발생적 인식론은 구성주의 이론의 성립에 매우 중요한 기초를 제공한다.

한편, 사회적 구성주의는 비고츠키의 이론을 배경으로 하고 지식 구성의 사회적 요인에 초점을 맞춘다. 사회적 구성주의에서는 인간의 인지적 발달과 기능은 사회적 상호 작용이 내면화되어 이루어지는 것이라고 본다.

비고츠키는 개인의 지적 발달이 사회문화적인 영향을 크게 받는다고 생각한다. 그는 모든 지식은 한 공동체로서 사회 집단의 긴 역사를 통해 누적된 문화적 형태로 존재하며, 아동은 성인의 도움을 받아 문화적 산물로서 지식을 내면화함으로써 개인적인 인지 발달이 가능하게 된다. 따라서 아동의 지적 발달은 내면화를 가능하게 하는 성인과의 사회적 상호 작용을 통해 촉진된다.

이러한 비고츠키의 이론에 바탕을 둔 사회적 구성주의는 지식을 구성하는 데는 사회적 상호 작용이 중요함을 강조한다. 더불어 이것은 개별적인 인지 주체가 구성한 지식이 결국은 자신이 속한 사회 속에서 잘 적용되고 유용한 지식이어야 함을 의미한다.

　인지적 구성주의와 사회적 구성주의는 각각 다른 입장을 가지기는 하지만, 인지적 구성주의라고 해서 사회적 요소를 무시하는 것은 아니며 사회적 구성주의라고 해서 인지적 요소를 무시하는 것은 아니다. 따라서 인지적 구성주의와 사회적 구성주의 간에는 적절한 조화와 균형으로 관점의 조화를 이루는 것이 필요하다.116) 무엇보다 이들을 아우를 수 있는 공통점은 지식을 바라보는 시각이다. 인지적 구성주의건 또는 사회적 구성주의건 구성주의자들은 지식의 절대성을 인정하지 않는다. 방식의 차이는 있겠지만 두 구성주의자들 모두 지식을 어떤 과정을 통해 형성되는 산물로 본다는 점에서는 일치한다고 할 수 있다. 지식을 바라보는 이러한 관점은 토론 및 토론 교육의 지향하는 바와 일맥상통한다는 점에서 구성주의와 토론 및 토론 교육을 이어주는 구심점 역할을 한다.

2) 지식의 정의

　하나의 인식론으로서 구성주의의 기본적인 관점이나 특징적인 면모를 논의하는 데에는 적어도 두 가지 접근법을 생각할 수 있다. 하나는 구성주의를 대표하는 학자들을 선정하여 그들을 중심으로 이야기하는 경우이고, 다른 하나는 구성주의에 속하는 학자들에게서 공통적으로 발견되는 특징들을 중심

---

116) 박숙희 · 염명숙, 『교수-학습과 교육공학』(서울: 학지사, 2007), pp.60~2.

으로 이야기하는 경우이다. 전자는 구성주의의 정체가 선명하고 그로부터 교육적인 시사를 도출하는 작업이 용이하지만, 그 성과는 구성주의 전반에 대한 것으로 확장하기가 어렵다는 문제가 있다. 반면에 후자는 구성주의에 대한 전반적인 논의로부터 교육에 대한 커다란 밑그림을 그리는 데에는 유용하지만, 이 경우 구성주의의 경계가 흐릿할 수밖에 없어서 이를 당장에 구체적인 논의로 발전시키기는 어렵다는 한계가 있지만 여기서는 이 접근법을 취하고자 한다. 이는 구성주의 자체가 아직 경계를 분명히 하기 어려운 논의 영역일 뿐만 아니라, 무엇보다도 토론을 통한 학습론을 정립하는 데에 필요한 커다란 방향을 구성주의로부터 얻는 것이 중요하다고 보기 때문이다.

구성주의에서 보는 '지식'의 개념은 그동안 객관주의 관점에서 가정하는 '지식'의 개념과는 많이 다르다. 구성주의는 '실재' 혹은 '현실'을 인식주의자(the knower) 또는 관찰자가 자신의 현실에서의 경험적-인지적 활동을 통하여 구성하는 것으로 보았다. 구성주의에 따르면, '절대적 지식,' 혹은 '절대적 진리'란 존재하지 않으며 오히려 지식이란 개인의 사회적 경험에 의거하여 계속적으로 구성되어지는 것이다. 즉, 지식이란 섬유 조직 같은 것으로써 온갖 정보, 이미지, 관계, 실수, 가정, 기대, 유추, 모순, 빈틈, 예감, 규칙, 일반화 등이 뒤섞여 있는 그물망과 같은 것이다. 그들은 지식을 인식의 주체자인 개인이 자신의 경험 세계에서 인지적 활동을 하면서 자기 나름의 현실을 구성하는 것이라고 보았다. 그러므로 지식은 주관적이고 각자가 구성해 나가는 것이다. 다시 말해 지식이란 이미 존재하고 있는 것의 객관적인 실체라기보다는 오히려 어떤 상황 안에서 개인의 경험이나 행동과 밀접한 관계가 있는 것이다.117)

아무리 오랫동안 그리고 자세히 어느 현상이나 주제에 관해 서로 이야기를 하고 있더라도 개개인은 서로 판이한 이해에 도달함을 흔히 경험하게 된다. 이와 같이 어떤 현상에 대해 의미를 부여하는 것이라든지 이해에 도달되는 것은 상당히 주관적인 성격을 띨 수밖에 없기 때문에, 결국 전달 내용이 같으면 모든 사람이 똑같은 내용과 형태의 이해와 지식의 틀을 지니게 되어 인지하는 그 주체와는 전혀 상관없이 정형화된 형태의 지식을 습득할 수 있다는 기존의 객관주의적 전제가 문제시된다.

구성주의에서는 진리 대신 적합성 유용성, 조화, 적응 등의 용어를 즐겨 사용한다. 인지 주체의 경험적 세계에서의 활동은 개인적인 인지적 활동만을 의미하는 것이 아니라, 사회 공동체 속에서 인지 주체가 현실을 구성해 나가면서 서로 상호작용하며, 또 그가 속한 사회에서 문화적 영향을 많이 받는 것이다. 그러므로 구성주의에서 주장하는 기본 가정은 다음과 같다. 첫째, 지식은 인식의 주체에 의해 구성된다. 세상에 대한 객관적인 지식은 없으며, 모든 지식은 인식의 주체자인 개인에 의해 주관적으로 구성된다. 둘째, 지식은 구체적인 상황

---

117) T. O'Brien, *Some thoughts on treature-kiiping* (New York: Macmilian, 1996), p.362.

을 중심으로 한 맥락적인 것이다. 지식은 항상 구체적인 상황 속에서 실제적 성격의 과제를 다루어야 하며, 그러한 지식이 제공되는 맥락이 중요하다. 셋째, 지식은 협동적인 과정을 통해 형성된다. 지식의 습득과 형성은 개인적인 인지적 작용만으로 이루어지는 것이 아니고, 반드시 개인이 속한 사회문화적 배경과의 상호 작용을 전제로 한다. 구성주의의 경계가 분명하지 않기는 하지만, 적어도 여기서 논한 것과 같은 관점을 공유한다는 점은 인정할 수 있을 것이다. 이러한 관점을 통하여 구성주의자들은 고정되고 불변하는 진리를 찾는 교육이 아니라 현실의 상황에서 형성되는 지식을 추구한다.

4. 구성주의 학습 방안

1) 구성주의 학습

구성주의자들은 실험실 학습이론과 교실 수업실제 사이의 관련성을 확립하는데 구성주의 학습이론이 중요한 역할을 해야 한다고 믿고 있다. 그들에 따르면, 사회에서 현재 일어나고 있는 두 가지 큰 변화-방대한 정보 처리의 필요성과 공학의 발달로 인한 현상파악의 가능성 확대가 우리로 하여금 구성주의에 다시 관심을 기울이게 한다고 주장한다. 이 같은 근본적인 사회의 변화로 인해 학습과정을 재 개념화해야 하고 새로운 교수법을 설계해야 할 필요성이 대두된 것이다. 특히 구성주의 진영에서는 지식의 과도한 단순화나 정보의 탈맥락적 제시와 같은 현행 학교 학습방식을 특정 현상이나 이슈에 대해 다양한 관점이 피력되고 허용되는 학습 환경을 구축하는 방향으로 전환시키기를 주장한다.

구성주의자들은 지식을 경험의 소산으로 보기 때문에 학습은 경험에 대한 개인적 해석의 형태로 나타나며, 학습 과정이란 경험에 근거한 적극적인 의미구축 과정으로 본다. 따라서 학습은 다양한 견해의 공유와 협상을 통해서 이루어진다. 또한 교육의 역할이란 다양한 견해를 공유하고, 그 결과 학습자 자신이 견지하고 있는 입장을 검증하기 위해 타인과 끊임없이 상조(相助)하는 과정을 촉진시키는 것으로 규정한다.[118]

구성주의는 현상이나, 환경, 다양한 관점을 해석하는 데 있어 인간 마인드의 역할을 강조하며, 그러한 해석은 개인적이면서 주관적이라고 한다. 결국 주관과 주관 사이에서 합의된 객관을 추구하는 간주관적 객관성을 확보하는 과정이 바로 지식구축을 경험하는 과정이라는 것이다. 즉, 학습은 지식구축 과정이지, 지식암기나 습득과정이 아니며, 학습은 지식내용에 밀접히 관련되어 있어서 새로운 지식을 구축하기 위하여 현재 지니고 있는 지식을 활용해야 하며, 또한 학습은 학습이 일어나는 상황과 밀접하게 관련되어야 한다. 따라서 구성주의는 교수에 의해 교수된 지식의 불활성(inertness)을 비판하고, 학

---

118) D. J. Cunningham, *Assenssing constructions and constructing assessments: A dialogue Educational Technology* (New York: The Seabury Press, 1995), p.15.

습자 스스로 자신의 기존 지식과 경험에 근거하여 의미 있는 지식을 구성하는 과정을 보다 강조한다.[119]

그래서 구성주의자들은 학습자들이 특정문제에 대하여 새로운 지식이나 이해를 확립하기 위해서는, 그 문제에 대한 가설수립을 통해 결과를 예측하고, 여러 관련대상을 조작하고, 질문을 제기하며, 해결안을 찾기 위해 연구방법을 고안하고, 대안을 창안하며, 검증해 보는 경험을 해야 한다고 주장한다. 따라서 그 문제에 대한 각자의 견해나 선험적인 개념들을 서로 공유하고 타협해 볼 수 있는 상조적(相助的) 학습 환경이 제공되어야 한다. 상조적 학습 환경을 위해서는 문제에 대한 자신의 반응을 스스로 작성하게 하며, 작성된 자신의 반응이나 의견을 설명, 변호, 정당화할 수 있는 기회를 제공하고, 자신의 지각이나 견해를 또래 집단과 공유할 수 있는 기회를 제공하는 것이 필요하다.[120]

이렇듯 다양한 견해를 성취하기 위해서는 학습자 자신의 견해를 피력하고 서로 공유할 수 있는 상조적 학습 환경을 구축해야 하며, 이는 집단의 다른 구성원들과의 대화를 통해서 가장 쉽게 이루어 질 수 있다. 따라서 과제를 서로 분담하여 처리하거나 의견의 일치를 구하는 정도가 아니라, 한 주제에 대해 다양한 관점을 서로 전개하고, 비교하며, 이해하려고 노력하는 과정이 필요한 것이다. 구성주의적 학습을 위해 토론교육에 주시하는 이유가 여기에 있는데, 구성주의 원리를 적용

119) L. Resnick, *Learning in school and out: Educational Researcher* (New York: Paulist Press, 1992), p.16.
120) C. Fonsnot, *Constructing constructivism* (New Jersey: Erlbaum, 1992), p.20.

한 학습 방식으로 전환하려고 할 때 이 모든 원리와 맞닿아 있는 것이 토론이기 때문이다.

2) 구성주의 학습 원리

구성주의 이론은 교육적 패러다임에 많은 영향을 미쳤고 학습 과정에 중요한 원칙을 제공하고 있다. 구성주의 이론에서 주장하는 학습에 관한 중요한 원칙을 살펴보면 다음과 같다.

첫째, 학습자 중심의 학습이다. 구성주의의 기본 가정은 학습은 '학습은 학습자의 경험에 기초하여 학습자의 머릿속에서 구성된다'는 것이다. 따라서 인간을 떠난 객관적인 실제는 존재하지 않는다. 다만, 인간의 마음속에 주관적으로 존재하는 것이라고 정의한다. 이러한 구성주의의 입장에서 학습자는 학습에 대한 주인 의식을 가지고 인식의 주체로서 능동적이며 적극적으로 학습 과정에 참여하여야 한다.

둘째, 구체적 과제와 맥락 강조이다. 학습 과제는 구체적인 상황을 전제로 실제적인 맥락 속에서 이루어져야 한다. 그동안 학교에서는 지식이 사용되는 맥락이나 상황과는 분리된 추상적이고 순수한 지식 자체를 가르쳐왔다. 그렇기 때문에 맥락과 독립된 지식은 그 자체의 의미를 잃어버려 이해하기 어렵고, 또 배우고 난 후에도 언제, 어떻게 적용되는지 알기 어려웠다. 한마디로 '전이'가 어려웠다. 따라서 학습은 과제를 수행하는 데 필요한 실제적인 맥락 안에서 이루어져야 한다.

이러한 학습 환경은 최근 첨단 매체가 지원하는 다양한 체제로 그 가능성이 현실화되고 있다.

셋째, 협동학습 강조이다. 협동학습은 실제 상황에서 혼자 문제를 해결하기보다는 여러 사람의 공동 참여와 작업을 통해 문제를 해결함으로써 개인에게 주어진 인지적 부담을 던다는 의미뿐만 아니라, 사람마다 얼마나 다양한 생각과 견해를 지니고 있는지를 배우고 다차원적인 사고력을 길러 줄 수 있는 기회가 되기도 한다. 사회적 구성주의를 주장하는 학자들에 의하면 사회적인 상호 작용을 통해 인지의 발달이 이루어진다. 학습자들은 다른 동료나 교사 또는 부모와의 상호 작용을 발판화하여 근접 발달 영역을 넓혀 나가며, 학습 환경과 서로 간의 수평적인 의사소통이 이루어져 다양한 시각이 인정되는 분위기를 만들어 나간다.

넷째, 교사 역할의 변화이다. 인식의 주체로서 학습자를 대하는 교사는 학습자들이 능동적이고 창의적으로 문제를 해결하고 지식을 구성해 나가기 위해 주어진 학습 환경을 최대한 적극적으로 참여하여 스스로 의미를 만들어 나갈 수 있도록 인내를 가지고 도와주어야 한다. 그러므로 구성주의적 사고를 가진 교사는 학습자에게 항상 귀를 기울이고 듣기를 즐기는 듣는 자, 지지자의 역할을 해야 한다. 또 교사 자신이 계획한 학습 경험의 세계로 안내하되, 학습자 스스로 탐구할 수 있도록 옆에서 도와주는 안내자, 조력자의 역할도 해야 한다. 더불어 학습자 스스로의 힘으로 해결할 수 있도록 하는 데 촉매 역할을 하고, 학습자의 작은 성취에 대해서도 칭찬과 격려를 아끼지 않는 촉진자와 격려자의 역할도 해야 한다. 결과적으로 구성주의 학습 환경에서 교사는 학습자의 학습을 돕는 발판의 역할을 하며, 한편으로는 배움을 같이하는 동료학습자가 되기도 한다.[121]

구성주의를 통한 학습 원리를 살펴보면 토론 및 토론 교육이 구성주의를 통해 그 인식론을 확립해야 하는 이유를 알 수 있다. 구성주의를 통한 학습 원리는 토론 교육의 방향과 많은 부분 일치하기 때문이다. 구성주의 학습 원리를 답습하는 것이 아니라 구성주의를 통해 토론 학습의 인식적 틀을 형성할 때 토론의 장점을 최대한 살릴 수 있는 토론 교육이 될 것이다.

3) 구성주의와 토론

토론은 인식론적으로 정립만 되지 않았을 뿐이지 이미 비판적 기능과 열린 자세를 기반으로 한다는 것은 누구나 알고 있다. 토론의 일반적 특성 자체가 이미 구성주의적 요소를 가지고 있다. 따라서 이러한 부분을 구성주의적 인식론과 접목하는 것이 토론 교육을 연구하고 가르치는 자들의 과제가 될 것이다.

일반적으로 토론의 구성주의적 요소를 살펴보면 먼저, 토론은 주요주제와 하위주제들이 연결되는 열린 구조를 지향한다.

---

121) 박숙희 · 염명숙. pp.62~4.

특히 토론은 한 주제에 대해 초점이 맞추어져야 한다. 그렇지 않으면, 단지 자유롭게 흐르는 대화가 되어 버리기 쉽기 때문이다. 토론은 형식적이고 구조화되어 있으며 참여자의 지식·이해·판단의 발달을 가져온다는 점에서 일상 대화와는 다르다. 본질상 토론은 주요주제들과 하위주제들의 경계를 왔다갔다 하는 형태이다. 따라서 토론은 학생들이 '새로운 주제들'에 연관되도록 돕는 것이다. 토론에 참여하는 학생들의 개인적 목소리와 경험들은 주요 주제들과 하위주제들의 논의에 나타나며, 이 과정에서 학생들은 자연스럽게 새로운 주제에 연결된다.

또한 토론은 선형(linear)이 아니라 순환적(recursive)이다. 이러한 토론의 역동성은 '의미의 순환(cycles of meaning)'이라고 할 수 있다. 학생들은 본질적으로 관심 있는 주제나 하위주제에 되돌아감으로써, 새로운 아이디어로 접어들거나 다른 아이디어에 반응하며, 자신의 아이디어를 수정해간다. 만약 특별한 간섭이 없다면, 토론에서 참여자들이 만족할 수 있을 때까지 탐색은 계속될 수 있다.[122]

토론은 학생들이 사회적 상호작용을 통해 의미를 만들어가도록 해 준다. 비록 개인 스스로 모든 의미를 구성하지만, 개별적으로 구성하는 한정된 의미를 다른 사람들의 아이디어에 노출되는 '사회적 상호작용'을 통해 풍부하게 하거나 확대해 나갈 수가 있다. 즉 토론을 통해 사회적 지식구성이 가능하다.

---

122) C. Gilles, *We make an idea: Cycles of meaning in literature discussion groups* (Portsmouth: Heinemann, 1993), p.202.

학생 상호 간 및 교수와 학생 간에 정의적 인간관계를 형성하고 사회적 의미구성을 이끈다. 토론은 집단 역동성에 크게 의존하며 집단의 동질성, 응집력, 의사소통의 유형, 지도성 등에 따라 다른 결과를 낼 수 있다.123) 이러한 점은 토론의 구성주의적 요소를 드러낸다. 내용이든 의미이든 의사소통이든지간에 연결을 구축하는 것이 토론의 핵심이다. 토론은 아이디어를 나누는 것, 듣는 것, 다른 사람의 관점을 두려하는 것, 함께 의미를 구축하는 것과 관련이 있다. 이러한 종류의 협력은 모든 참여자들의 아이디어에서 출발하여 토론 집단 전체가 새로운 의미를 구성하도록 해준다.

특히 토론은 지식의 구성에 있어 자정작용을 빼놓을 수 없다. 토론에서는 비판이나 반론, 제안된 지식에 대한 질문과 대안의 모색 등을 통한 지식 구성의 자정작용이 가능하다. 새로운 아이디어의 교환과 의식적 반영이 반복 순환적으로 일어나기 때문에 참여자들은 기존의 지식에 고착되지 않고 스스로 지식을 정화시킬 수 있게 된다.

토론과 구성주의 학습을 비교해 볼 때 지식의 구성이라는 부분에서 많은 유사점을 발견할 수 있다. 이를 통해 토론 교육이 현대 사회에서 요구되는 다양한 정보들을 비판적으로 분석할 수 있는 능력과 불확실한 상황에서 문제를 해결할 수 있는 문제해결력 그리고 창의력을 개발하는 교육으로 발전하기 위해서는 구성주의의 인식론을 바탕으로 그 학습 방향을 설정하

---

123) B. Bloome & J. Green, "Educational contexts of literacy". In W. A. Grabe (Ed.), *Annual Review of Applied Linguistics*, 12, 49-70, (New York: Cambridge University Press, 1992), p.56.

는 것이 많은 도움이 된다는 것을 알 수 있다.

5. 대학생 토론 수업의 방향

토론은 정답을 찾는다거나 아이디어를 요약하는 것이 아니며, 전적으로 협동의 방식을 통해 보다 깊이 '새로운 의미'로 진행할 수 있도록 이끄는 것이다. 이는 다양한 배경 지식, 추론, 흥미가 만들어 내는 다양한 해석을 공유함으로써 가능하다. 토론은 '의미를 함께 생성하는 하나의 과정'이다. 토론은 다시 생각하는 것을 촉진하여, 그 의미를 수정하는 하나의 이상적인 메커니즘인 것이다.[124] 이러한 점을 인식하여 구성주의를 바탕으로 인식적 틀을 형성하고 교육의 방향을 형성하는 것이 현 토론교육의 한계와 문제를 완화시킬 수 있는 기초적인 작업이 될 것이다.

현 토론 교육 과정에서처럼 토론의 과정이 경직화되어 토론을 논리와 규칙의 틀 안에서 대립되고 모순되는 결론을 가진 대립되는 쌍방이 심판에 의해 승자와 패자를 가리는 의사소통의 방식으로 보는 것이나 일종의 게임처럼 여기는 것은 많은 문제를 낳는다.

가장 큰 문제는 이러한 토론교육이 현실에서의 토론과 거리를 두게 되는 것과 학습자들이 지나치게 경쟁적인 태도에 빠

---

124) R. Peterson & M. Eeds, *Grand conversations: Literature groups in action* (Ontario: Scholastic Canada Ltd, 1990), p.47.

지기 쉽다는 것이다. 이러한 문제를 해결하기 위해서는 토론이 동일 공동체 구성원 상호 간의 의견교환 과정의 하나로 인식되어야 한다. 따라서 토론의 구성주의적 요소를 최대한 부각하는 방향으로 토론 교육이 이루어져야 할 것이다. 구성주의적 학습 원리에 입각하여 대학 토론 교육의 발전을 위해 지향해야 할 점들은 다음과 같다.

첫째, 토론을 통해 학생 스스로 새로운 지식을 창출하는 것에 토론의 목표가 맞춰져야 한다. 학생 스스로 지식을 주체적으로 구성할 수 있도록 현재와 같은 고정된 방식의 토론 게임은 수정되어야 한다. 고정된 찬반토론 외의 여러 다양한 토론 방식에 대해 연구하고 활용할 수 있도록 해야 한다. 토론은 '디베이트형 토론' 외에 '의사결정형 토론'으로 구분될 수 있다. 학생들에게 찬반토론 형식을 벗어나 '신호등 토론', '터부토론', '피라미드 토론' 등[125] 여러 방식을 통해 지식을 구성할 수 있는 능력을 키울 수 있도록 수업 방향을 수정해야 할 것이다.

둘째, 토론 내용에 있어 현실성과 맥락성을 더욱 강조해야 한다. 대학 토론교육의 목적은 토론 스킬과 같은 의사소통능력이나 교실 내의 논리적 비판적 사고실험에 그치지 않고, 공론의 창출을 도모하여 합의를 지향하는 데 맞추어져야 한다. 토론 교육이 추상적인 교육의 장에 갇히지 않고 실제 현실에서 활용할 수 있는 살아 있는 교육이 될 수 있어야 하는 것이다. 교과에서 수행되는 토론의 절차 및 형식 또한 목표에 맞춰

---

125) 송창석, 「Metaplan을 이용한 새로운 토론교육 방법에 관한 소고」(한국민주시민교육학회, 『한국민주시민교육학회보』, 2003), pp.77~82.

재조정되어야 한다. 특히 토론과 토의를 엄격하게 나눔으로써 경쟁적 소통과 협력적 소통을 갈라서 보는 방식은 지양되어야 한다.126) 토론에 있어 거대 담론뿐 아니라 현실적인 주제들이 논의될 수 있도록 토론 교육의 방향을 숙고해야 한다.

셋째, 불가피하게 승패를 판정해야만 하는 때에라도 학생들이 토론을 일종의 게임으로 여기고 지나치게 경쟁적이 되게 하는 방식은 지양해야 한다. 토론 교육에서 실제 토론을 하는 것은 교육과정의 중심부라기보다는 이제까지 훈련한 것을 실습하는 것으로서 마무리 과정을 이루게 된다. 즉 실제 토론 스킬은 토론을 통한 학습의 한 부분인 것이다. 따라서 단순히 토론과정을 점수화하고 승패를 결정하는 방식보다는 '논제 작성'과 '논제에 대한 논점 분석' 그리고 '개요 작성' 등에서 팀원들의 유기적 관계까지 평가하여 토론 능력을 측정하고 향상시킬 수 있는 방향으로 나아가야 한다.

넷째, 일반 수업에서의 토론을 활성화할 수 있는 토론 교육이 되어야 한다. 특히 교수와 학생의 상호 작용에 대한 연구가 병행되어야 한다. 일반 수업에서의 토론은 지식을 구성하기 위한 도구로서의 가치가 가장 극대화될 수 있는 기회이기 때문이다. 이때 토론은 학습자와 교수 사이의 상호 작용이다. 토론법을 사용하는 교수에게는 자발성, 창조성, 허용성이 요구된다. 토론을 잘 진행하면 학습자의 참가 의욕을 높이고 동시에 자립적인 사고와 동기 부여를 촉진할 수 있다. 또한 토론으로

---

126) 박상준, pp.47~8.

숙달된 학생은 자신의 사고를 구체화시키고 교수의 지식을 넘어서 사고력의 극대화를 기대할 수 있다. 수업에서의 토론 교육이 되지 않고 정형화된 토론 형식만을 숙달하는 것은 기존의 주입식 교육과 별반 다르지 않은 것이다.

이상 제시한 토론 교육의 방향은 구성주의 인식론에서 출발한 구성주의 학습에 기인한 대략적인 지침에 불과하다. 하지만 다양한 토론 수행학습 방식을 모색, 개발하기 위해 시야를 넓히기보다는 찬반토론을 학습하는 형태로 나아감으로써 기존의 주입식 교육과 비슷한 양상을 보임으로써 스스로 모순에 빠져 있는 현 대학 토론 교육에 인식론적 틀을 제공하고 큰 방향을 제시한 것으로 만족하고자 한다.

대학의 토론 수업은 여러 토론 방식을 응용할 수 있도록 방식을 확장할 필요가 있다. 토론 교육이 정형화된 형식을 배우는 교육이 아니라 반성과 협력을 통해 새로운 지식을 창출할 수 있는 도구를 갖추는 진정한 예비 학문이 되길 바란다. 토론이라는 학습 도구는 구성주의의 입장을 수용하여 발전시킬 때 토론의 목적을 달성할 수 있을 뿐 아니라 토론 교육의 발전의 전기를 맞을 수 있을 것이다.

제3장
대학 교양교육과 글쓰기

1. 들어가는 말

대학을 졸업하고 갓 취업을 한 회사 신입사원들의 가장 부족한 업무능력 중 하나가 역설적이게도 글쓰기 능력이라고 한다. 회사를 비롯한 모든 공동체에서 자신의 생각이나 의사를 여러 매체를 통해서 전달해야 하는 경우가 많아지고 있지만, 대학을 졸업했음에도 불구하고 사회 현장에서 소통의 상황에 대처하지 못하는 경우가 허다하다. 21세기는 흔히 정보화 시대, 세계화 시대로 불린다. 시시각각 변화하는 세계화·정보화 시대에 의사소통의 능력은 사회인에게 필수적으로 요구된다. 현시대는 컴퓨터와 인터넷의 발달로 다양한 형태의 정보와 지식과 가치들이 쉽게 대중들에게 전달되고 있다. 많은 정보의 홍수 속에서 정보와 지식과 가치들의 의미를 정확히 파악하고 비판적으로 판단해낼 수 있는 능력과 문제 해결 능력은 필수적으로 요구된다. 그러나 우리나라 대학의 글쓰기 교육은 이러한 사회의 큰 흐름과 어깨를 나란히 하지 못하고 있는 것이 현실이다. 대학 교육현장에서 대학생은 다양한 보고서와 각종 시험을 통해서 글을 쓰는 기회를 갖는다. 그러나 대학생들의 글을 보면, 글의 논리적인 전개는 고사하고 기본적인 맞춤법이 무시되거나, 인터넷에 등장하는 신조어들이 버젓이 등장하고 있다. 때로는 학생들이 제출한 보고서가 인터넷 사이트를 통해서 쉽게 찾아볼 수 있는 자료들과 일치하는 경우도 많다. 인터넷에서 찾아볼 수 있는 자료들과 글들이 대학생들에게 기초적인 지식이나 교양을 닦아주기는커녕 오히려 대학생들의 글쓰기 기회와 능력을 저하시키는 원인이 되기도 한다. 또한 학생들은 입시위주의 주입식 교육과 취업 위주의 공부에 익숙해 있기 때문에 글쓰기에 많은 관심을 기울이지 못하는 사회의 현상들도 간과할 수 없는 사실이다. 이러한 일들이 발생하는 원인은 대학에서 기본적으로 추구해야 하는 교양 교육으로서 글쓰기 교육이 제대로 이루어지지 않았기 때문이다. 대학 교양 교육에서 글쓰기 교육은 언어의 형식을 빌려 표현의 영역을 넘어서는 의사소통의 중요한 능력뿐만 아니라 사회가 요구하는 교양인의 중요한 자질을 가르치는 역할을 담당해야 한다. 또한 글쓰기 교육은 대학에서 배우는 방대한 양의 지식과 정보들을 효과적으로 분석하고 추론하여 자신의 생각을 도출해내고 글로 표현할 수 있는 능력을 배양해야만 한다.

제2장에서는 먼저 대학의 교양 교육의 일환인 글쓰기 교육에 대한 제언을 하기 위해 아리스토텔레스의 교양 교육의 목

표를 살펴볼 것이다. 그리고 우리나라 대학의 교양 교육에서 글쓰기의 현실과 문제에 대해 고찰하고 우리나라 글쓰기 교육의 방향을 제안하고자 한다.

2. 아리스토텔레스와 교양교육

1) 교양교육의 본질

교양교육의 원형은 고대 그리스 교육에서 찾아볼 수 있다. 그리스인들의 교육은 인간의 정신과 실천의 영역이 조화를 이루는 것을 추구했으며, 정신과 행위가 일치하는 인간을 이상적인 인간상, 즉 교양인으로 부르며 이런 인간상의 구현을 위해 노력을 했다. 그리스인들은 이상적인 인간상의 구현을 위해 7자유학예(artes liberales)라는 교과과정을 만들어 냈다. 7자유학예는 문법, 수사학, 논리학으로 구성된 3학과(trivium)와 산술, 기하학, 음악, 천문학으로 구성된 4학과(quadrivium)로 이루어졌다. 7자유학예는 노예들에게 국한되었던 '기계 기술'과 대조된다. 여기서 자유학예란 노예가 아닌 자유롭게 태어난 인간이 추구해야 할 가치 있는 활동이라 할 수 있다. 자유학예는 투표권을 가지며 정치적인 자유를 누릴 수 있는 자유인이 지행합일을 추구하며 이룰 수 있도록 양성하는 것을 목표로 한다.

아리스토텔레스는 "인간은 본성적으로 정치적인 동물"이며 이러한 본성이 가장 잘 실현되는 곳은 국가에서만 가능하다고 생각했다. 국가가 덕을 갖추게 되는 것은 그 통치에 참여하는 시민들이 덕을 갖출 때 가능하다. 그렇다면 여기서 생각해보아야 할 문제는 한 개인이 어떻게 덕을 갖추게 되는가 하는 점이다.[127] 인간의 덕은 인격의 훈련과 관련이 있으며 이것은 습관을 형성시켜주는 일을 가리킨다. 아리스토텔레스의 관점에서 볼 때, 교육은 자연과 습관과 이성이라는 세 가지 요소가 있다. 그중에서 습관은 이성보다 먼저 형성되어야 한다. 왜냐하면 욕망은 아이가 태어날 때부터 가지고 있지만 사고와 이성은 나이가 들어서야 나타나기 때문이다. 욕망은 그 자체는 선도 아니고 악도 아니다. 욕망은 비이성적이라고 할 수 있지만, 그렇다고 해서 이성적인 것으로 될 수 없을 정도로 완전히 비이성적인 것도 아니다. 따라서 선이나 악은 욕망 그 자체의 속성이 아니라 교육에 의해서 형성되는 습관 여하에 달려 있다. 올바른 훈련을 받지 못한 영혼은 욕망의 만족이나 좌절에 따라오는 쾌락과 고통의 노예가 되어 그릇된 길로 빠지기 쉽다. 인격이 훌륭한가, 아닌가는 쾌락이나 고통과 밀접하게 관련되어 있다. 쾌락은 우리로 하여금 악을 행하도록 하며 고통은 선을 행하지 못하도록 한다. 쾌락과 고통을 각각 올바른 경우에 느끼도록 하는 훈련을 아주 어릴 때부터 받아야 하는 이유가 여기에 있다.[128]

---

127) Aristotle, *Politics*, trans by H. Rackham, (Cambridge: Harvard University Press, 1959), 1332a 28-37; 아리스토텔레스, 『정치학』, 이병길 역(서울: 박영사, 2007), 1332a 28-37.

아리스토텔레스는 교육을 통하여 훌륭한 시민을 양성함으로써 국가의 복지에 유익을 꾀한다는 실제적 목적을 가지고 있다. 그에 따르면 인간의 행복은 영혼이 그 고유한 덕을 가장 탁월하게 나타내는 상태이다. 인간의 고유한 덕은 사회적 관계 속에서 성취될 수 있다. 그러므로 교육은 인간 개개인의 행복을 위해서 그리고 국가의 행복을 위해서 시민으로서의 실제적 의무를 수행하는 데 적합한 사람을 길러 내야만 한다. 즉 교육을 통해 욕망을 자제하고 절제와 용기와 관용을 갖춘 사람을 길러 내야 한다.

프리먼 부츠(Freeman Butts)는 아리스토텔레스의 이런 교육의 목표를 강조한다. 프리먼 부츠에 따르면, 아리스토텔레스는 교육을 통해서 신체와 영혼이 모두 건강한 개인이 조화로운 사회를 만들 수 있다고 인식하였으며, 그러기에 국가가 어린 이들을 의무적으로 학교생활에 참여시키는 공립학교를 설립하여 교육을 시켜야 한다고 제안한다.[129] 신체와 영혼이 조화를 이루는 개인에 강조를 둔 아리스토텔레스의 교육목표는 두 가지 방향으로 나타난다. 먼저 개인적인 관점에서 볼 때, 교육은 조화로운 인간을 이루어가는 자아실현의 과정이다. 사회적인 관점에서, 교육은 정치학에 종속되는 부차적인 기술이다. 신체와 영혼, 지성과 행위가 조화로운 개인은 선을 추구한다.

---

128) Aristotle, *Nicomachean Ethics*, trans by H. Rackham, (Cambridge: Harvard University Press, 1926), 1104b4-b25; 아리스토텔레스, 『니코마코스윤리학』, 이창우외 2인 공역(서울: 이제이북스, 2008), I, 1104b4-b25.

129) Freeman Butts, *A Cultural History of Education: Reasoning Our Educational Traditions*(New York: McGraw-Hill Book Co.,1947), p.77.

더 나아가 인간이 구성한 공동체인 국가 공동체 역시 선을 추구한다. 그렇다면 교육을 통해 조화로운 개인을 양성하는 것은 한 국가를 가장 훌륭하고 조화로운 공동체를 만드는 것으로 연결된다.

교육은 개인과 국가 전체의 선의 추구를 위하여, 개인이 폴리스의 시민으로서 의무를 이행하는 데 적합한 인간으로 양성하는 것이다. 이러한 인간의 양성을 위해 지성의 교육에 초점을 맞춘다. 지성은 본질적으로 지식을 추구한다. 지식을 쌓는 것은 정신의 선을 추구하는 것이며 그 자체로 선한 삶, 훌륭한 삶을 사는 데 중요한 요소가 된다. 지성은 인간이 지식을 통하여 삶의 방향을 잡을 수 있도록 해주는 역할을 담당한다. 인간의 고유한 능력인 지성은 인간 정신의 실현이라는 가치를 지니고 있다. 교양교육은 한 개인의 가치를 높여주고, 한 개인의 삶뿐만 아니라 사회적으로도 훌륭한 삶을 살 수 있도록 안내자의 역할을 담당했다.

아리스토텔레스의 교양교육의 목표를 정리하면 다음과 같다.

아리스토텔레스의 교양 교육의 목적

개인적 차원 → 조화로운 인간을 이루어 가는 자아실현

사회적 차원 → 개인이 모인 국가가 선을 추구

* 한 개인의 가치를 높여주고, 한 개인의 삶뿐만 아니라 사회적으로도 훌륭한 삶을 살 수 있도록 안내
* 국가에 유익한 선한 시민의 양성

　아리스토텔레스의 교육의 목표를 살펴볼 때 현대 대학 교양 교육에 시사하는 바가 크다. 올바른 삶을 살 수 있도록 젊은이들을 훈련하고 교육하는 일은 그리스뿐만 아니라 오늘날도 인간의 여러 가지 관심사 중 하나이다. 대학 교양교육은 각각의 개별 전공에서 다양한 학문분야의 폭넓은 지식을 쌓을 수 있는 인성과 품위를 기를 수 있도록 안내자의 역할을 해야 한다. 그리고 교양교육을 통해 획일적 사고에서 벗어나 폭넓은 확산적 사고를 할 수 있도록 해야 한다. 더 나아가 도덕성과 인격의 함양을 지도해야 한다. 교양교육을 통해 이러한 인격을 가진 사회인을 양성할 수 있다면 이것은 현대 사회에 유익한 시민의 양성을 이룰 수 있을 것이다. 오늘날 대학의 교양교육을 이해할 목적으로 교육의 기원을 연구하는 적절한 출발점을 고대의 아리스토텔레스에서 찾을 수 있을 것이다.

2) 교양교육과 아리스토텔레스

아리스토텔레스는 학문을 세 종류로 나눈다. 제작학, 실천학, 이론학이 그것이다. 제작학(productive science)이란 무엇인가를 만들어내는 일과 관련된 학문이다. 예술적 창작과 관련된 여러 학문들이 모두 제작적인 학문에 속하고, 아리스토텔레스는 특히 시학과 수사학에 대해 연구했다. 실천학(practical science)은 실천적 행동을 대상으로 다루는 학문으로서, 그 탐구 대상이 개인인가, 가족인가, 국가인가에 따라 윤리학, 가정학, 정치학으로 나뉜다. 제작학과 실천학은 인간에 의하여 변경될 수 있는 대상들을 탐구한다. 이론학(theoretical science)은 어떤 것을 만들어내는 데 목적을 둔 것도 아니고, 여러 분야에서 이루어지는 행위를 다루는 데 목적을 두지도 않으며, 오직 진리 인식 자체를 목적으로 하는 학문이다. 이론학은 인간에 의해서 변경될 수 없는 대상을 탐구한다. 이것은 말하자면 "순수 학문"이라고 불릴 수 있는 것인데, 이론학에는 수학과 자연학과 신학이 속한다.

여기서 눈여겨 볼 것은 정치학이다. 정치학의 목적은 인간의 궁극적 목적이라 할 수 있는 삶의 목적과 관련이 있다. 인간의 행동에는 하나의 목적이 있다. 인간이 수행하는 모든 행위에는 각각의 목적이 있으며 그 목적들은 궁극적 목적이라 할 수 있는 행복으로 수렴된다. 정치학이 인간의 행복을 다루고 있다면 윤리학 역시 인간의 행복을 다루고 있다. 아리스토텔레스의 『니코마코스윤리학』은 국가의 구성원으로서 인간은 한 가지의 목적, 즉 행복을 추구한다는 것을 언급하고 있다.[130] 윤리학과 정치학에서 모두 공통적으로 인간의 궁극의 목적은 행복이라고 말한다. 아리스토텔레스에게 행복은 외부적인 조건에 의해 규정되는 것이 아니라 인간의 영혼과 관련이 있다. 아리스토텔레스는 『형이상학』 1권에서 "모든 인간은 본성상 알기를 원한다."[131]고 말한다. 인간의 이성은 본성상 앎을 추구할 뿐만 아니라 실천하기 위한 노력을 한다. 인간이 앎을 추구한다고 할 때 인간이 지향하는 최고의 앎은 아마도 선일 것이다. 선은 한 개인으로서 삶의 목적일 뿐만 아니라 폴리스에서 살아가는 조화로운 공동체가 되기 위한 목적이라고 할 수 있다. 그는 또한 『니코마코스 윤리학』 1권은 모든 인간의 활동이 선을 지향하고 있다는 것을 말한다. 인간의 지성이 최고의 선이 무엇인지를 알아내고 선한 삶을 살기 위해 선행되어야 하는 것은 바로 교육이다. 아리스토텔레스에게 있어 교육은 선한 시민의 양성을 의미한다. 선한 시민의 양성을 목표로 하는 교육의 강조는 "국가의 시민은 그 국가의 정체에 적합하도록 항상 교육되어야 한다. 정체에 적합한 성격의 유형은 정체를 계속 유지하는 힘이며 또한 정체를 독창적으로 창조하는 힘"[132]이라는 그의 말에 잘 나타나고 있다. 국가는

---

130) Aristotle, *Nicomachean Ethics*, trans by H. Rackham, (Cambridge: Harvard University Press, 1926), 1094a-b2; 아리스토텔레스, 이창우 외 2인 공역, 『니코마코스윤리학』, Ⅰ, 1094a-b2.

131) Aristotle, *Metaphysics*, trans by Hugh Tredennick, M.A, (Cambridge: Harvard University Press, 1947), 980a1.

132) Aristotle, *Politics*, trans by H. Rackham, (Cambridge: Harvard University Press, 1959), 1337a

시민을 교육해야 하는 책임이 있고, 시민은 교육을 받아야 할 의무가 있다. 교육을 통해 국가에 유익한 선한 시민의 양성을 이루어야 하는 것이 국가가 해야 할 교육의 목표이다. 그렇다면 어떤 과정을 통해 선한 시민이 양성되는가? 아리스토텔레스의 교육은 7년을 주기로 세 단계로 나누어진다. 먼저 출생에서 7세까지의 유아기 단계는 가정에서 보내게 된다. 유아기에는 놀이와 신체 활동 그리고 재미있는 이야기 등을 활용할 수 있는 기회가 제공되어야 한다. 유아기 동안 '아동 검열관'은 유아들의 삶을 타락시키는 불결한 것들이 영혼에 스며들지 않도록 눈에 보이지 않고 귀에 들리지 않도록 지켜야 한다. 5세가 되면 2년 동안 7세부터 강조되는 체육교육의 관찰자로서 보내게 된다. 두 번째 단계인 7세에서 14세까지의 어린이들에게는 좋은 습관을 길러주기 위한 도덕과 신체교육을 강조해야 한다고 보았다. 이 단계에서는 지성을 사용하여 사물에 집중하게 만들기보다는 어린이다운 건전한 성향을 계발하는 일이 무엇보다도 중요하다는 것이다. 어린이에게는 체조와 같은 신체교육133)이 좋으며 넓은 의미의 음악134)이 바람직한 정서적인 기질을 길러 준다고 보았다. 그리고 읽기와 쓰기는 자유교

11-32.

133) 신체교육은 목적을 위한 수단에 불과하다. 중요한 것인 힘이 아니라 우아한 품위이다. 용기를 필요로 하는 시합에 나갈 수 있는 것은 용기를 가진 선량한 인간이기 때문이다. 그러므로 신체교육은 신체 자체가 목적이 아니라 용기의 덕을 가진 선량한 인간의 양성에 있다.

134) 교육의 측면에서 음악은 정신의 도야와 관련이 있다. 인간이 고귀한 것을 사랑하고 비천한 것을 증오하는 마음을 가질 수 있도록 훈련하는 데는 음악의 선율에 맞게 조율하는 것이 가장 효과적인 방법으로 인식되었다. 교육에서 음악의 역학은 아리스토텔레스의 *Politics*, trans by H. Rackham, (Cambridge: Harvard University Press, 1959), 1337b 23-48을 참조.

양 교육의 필수적인 기초 능력이므로 능숙하게 사용할 수 있을 정도로 잘 계발되어야 한다고 주장하였다.[135] 마지막으로 15세에서 21세의 청소년들에게는 지적인 능력을 계발할 수 있는 교육과정이 필요하였다. 이 시기의 청소년들에게 산술, 기하학, 천문학, 수학과 같은 학예들은 실제적으로나 이론적으로 매우 중요한 교과였다. 그리고 이들은 세계를 바라보는 시각을 넓히기 위해 문법, 문학, 시, 수사학, 윤리학, 정치학과 같은 인문 교과들을 공부해야 한다고 보았다. 21세 정도의 청년이 되면 물리학, 우주론, 생물학, 심리학과 같은 보다 이론적이고 사색적인 교과들을 연구할 필요가 있으며, 논리학과 형이상학과 같은 교과들을 배우고 익혀서 철학 연구에 더욱 정진할 필요가 있다고 주장하였다.[136] 아리스토텔레스의 제안을 살펴보면 알 수 있듯이, 자유학예는 신체와 도덕성 그리고 지성이 조화롭게 잘 통합되어서 균형 있게 발달하는 것을 목적으로 삼았다.

이상으로 살펴본 아리스토텔레스의 교육에 대한 관점의 특징은 국가의 시민을 양성하는 데 있다. 교육은 국가에 유익한 시민을 양성함으로써 국가의 복지를 보장하고자 하는 데 목적이 있다. 국가에 유익한 시민은 개인의 덕과 인격의 함양을 통해 개인의 가치를 고양시키는 것이 선행되어야 한다. 이러한 교육의 목적은 오늘날 대학 교양교육의 목적과 크게 다르지

---

135) 교과목에 대한 논의는 *Politics* 8권 3장을 참조.

136) Gerald L. Gutek, *A History of the Western Educational Experience* (New York: Random House, 1972), p.65.

않다. 현대 대학 교양교육의 목적은 사회가 요구하는 교양인의 자질로서 인격의 도야에 있다. 즉 교양은 인격의 도야를 의미하고, 인격의 도야는 아리스토텔레스의 관점에서 본 다면 개인의 덕의 탁월함(arete)을 키우는 것과 맥을 같이 한다.

3. 대학 교양교육과 글쓰기

1) 교양과 글쓰기

교양이라는 말은 인간의 인격 또는 됨됨이를 의미한다. 교양이라는 말은 경작을 의미하는 'cultivation'이라는 서구의 고전적 개념을 내포하고 있다. 경작은 땅과 밭을 갈아서 농사를 짓는 것이다. 땅과 밭을 인간이라고 상정할 때 경작은 인간의 영혼을 갈고 닦는 것, 즉 인격의 도야를 의미한다. 독일어의 'Bildung'은 '건축' 또는 '축조'의 의미를 가진다. 이것은 인간의 인격을 '형성'하는 것이고, 인간정신을 개발하여 풍부한 것으로 만들고, 인간 영혼을 '건축'하고 완전한 인격을 형성해 간다는 뜻이 포함되어 있음을 알 수 있다. 교양은 교육을 통해 인간의 자아를 형성하고 발전시키며 개인의 형성과 가치를 발현시키는 것을 의미한다. 대학에서의 교양교육은 전문적인 연구능력을 가르치는 전공교육과는 달리 보편적이고 일반적인 교양을 함양하는 교육을 말한다. 지식 기반사회로 일컬어지는

21세기 대학의 교양교육은 어떤 목표를 가져야 하는가? 정보화 시대, 세계화 시대로 접어든 현대 사회에 요구되는 교양은 과연 어떤 모습인가? 대학의 교양교육의 목표는 무엇이어야 하는가? 교육받은 인간을 키우는 데 있는가, 전문 직업인을 양성하는 데 있는 것인가? 아니면 한 인간으로서 삶을 준비하는 데 있는가?

대학의 교양교육은 고도로 발달된 과학문명 시대에 자칫 소홀해지기 쉬운 인격의 도야와 함양을 강조해야 한다. 이것을 위해 교양교육의 목표를 지·덕·체를 고루 갖춘 인격의 형성에 두고 전공 분야의 학문 탐구에 앞서 편협한 시각에서 벗어나 원만하고 성숙한 인성을 갖출 수 있도록 다양하고 폭넓은 교육과정을 마련해야 한다. 교양교육에서는 인격의 바탕 위에 대학인으로서 학문 탐구의 소양을 갖출 수 있게 하는 것이 중요하다. 이를 위해 전공교육과정과 연계하여 전공 기초 지식과 이의 활용 능력을 배양하고 전공에 대한 학습 동기를 높이도록 해야 한다. 또한 세계화 시대와 지식 기반의 정보화 시대에 필수적으로 요구되는 의사소통의 능력을 배양해야 한다.

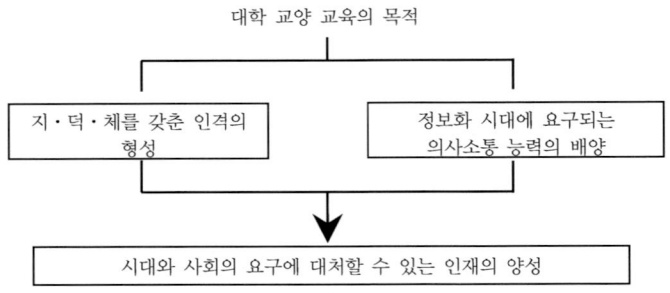

대학 교양 교육의 목적

지·덕·체를 갖춘 인격의 형성

정보화 시대에 요구되는 의사소통 능력의 배양

시대와 사회의 요구에 대처할 수 있는 인재의 양성

　대학에서 수업을 통해 많은 지식을 가르치고 받아들이는 것도 중요하지만 어떻게 지식을 효과적으로 활용하고 전달할 것인가의 문제 또한 간과해서는 안 된다. 대학에서 전공을 공부하고 사회에서 능력을 발휘하기 위해 선결되어야 할 것들이 있다. 그것은 자신의 주장을 분명하게 개진할 수 있는 말하기와 쓰기 능력을 포함하는 의사소통 능력을 키우는 것이다. 비판적이고 창의적으로 생각하는 능력, 합리적으로 문제를 해결해 낼 수 있는 능력은 오늘날 리더십에서 요구하는 핵심능력들이기 때문이다. 이는 정보의 해석과 전달에 가장 중요한 도구가 되는 언어 구사 능력과 이를 통한 사고능력의 신장으로 배양된다. 이러한 점에서 적극적으로 자신의 의사를 표현하고 끊임없이 사고 능력을 계발하며 원활한 의사소통을 통해 공동체를 이끌어 갈 수 있도록 언어 구사 능력과 사고 능력의 신장을 위한 교양교육과정을 강화해 나가야 한다.

　대학의 교양교육은 누구를 위한 것인가? 교수 자신들을 위한 것인가, 학생들을 위한 것인가, 아니면 그 학문 분야의 지식 세계를 위한 것인가? 아니면 사회를 위한 것인가? 글쓰기와 읽기의 능력의 배양을 통해서 정확한 의사소통 방식을 학습하게 하고 비판적이고 창의적인 사고방식을 습득할 수 있도록 안내해야 한다. 이런 과정을 통해 스스로 동기유발을 하고 학습의 시너지 효과를 높일 수 있을 것이다. 이런 훈련을 통해 학생들은 졸업 후 취업을 위한 면접에서도 자신의 주장을 명쾌하게 개진할 수 있는 능력을 갖추게 될 것이고 성숙한 민주시민과 책임 있는 사회인으로 성장할 수 있을 것이다.

세계화와 정보화 시대로 통칭되는 최근의 사회적 변화는 지식의 습득 및 전달방식에 커다란 변화를 요구하고 있다. 정보통신과 기술의 발달은 지식의 습득과 전달방식의 변화 뿐 아니라, 지식의 성격이나 조건에 대한 관점에서도 많은 변화를 가져왔다. 따라서 종래 보편적이고 절대적인 일련의 지식들을 전수하는 활동이나 전문 지식의 나열이라는 교육 방식으로는 현대에 적합한 인재의 양성이 어려운 것이 현실이다. 다양한 정보와 가치관이 쏟아지는 시대의 흐름 속에서 정보의 흐름과 의미를 비판적으로 판단해낼 수 있는 비판적 사고력과 많은 정보들을 조합할 수 있는 논리적 사고, 그리고 갈등의 상황에서 문제를 해결할 수 있는 문제 해결 능력을 키울 수 있는 교육이 이루어져야 한다. 지식기반 정보화 사회는 지식의 폭발적인 증가로 인하여 개별적이고 전문적인 지식보다는 지식 전체를 볼 수 있는 폭넓은 안목과 급변하는 사회에 대처할 수 있는 보편적인 지식의 습득을 요구하고, 학문의 분과적 성격에서 벗어나 다양한 학문 간의 상호 연결을 통하여 창의적인 의미를 찾아내야 한다. 그리고 이러한 사회적 요구는 대학에게 변화에 능동적으로 대처할 수 있는 능력과 사회생활을 조화롭게 영위할 수 있는 인성을 고루 갖춘 인재의 양성이라는 과제를 안겨준다.

대학 교육의 목표는 지·덕·체를 겸비한 전인적 인간의 양성과 교양을 갖춘 지성인의 양성을 통해 시대와 사회의 요구에 대처할 수 있는 인재의 양성에 있다. 최근 많은 대학에서 대학 교육의 목표를 실행하기 위한 방안으로 교양교육 영역에서 글쓰기와 읽기, 말하기 교육을 강화하고 있다. 특히 글쓰기 교육은 글쓰기 기초교육과 비판적인 글쓰기·창의적인 글쓰기와 학술적인 글쓰기의 영역으로 나뉘어 실시되고 있다.

2) 교양으로서 글쓰기의 한계와 문제점

지식 기반의 정보화 시대를 맞이하면서 교육 분야뿐만 아니라 거의 모든 분야에서 의사소통의 중요성이 부각되었고, 이에 따라 일상생활에 필요한 의사소통 능력과 학문적 의사소통 능력의 함양이 대학 사회에 시급한 과제로 부상했다. 오랜 시간 대학에서 국어 교육을 대표하던 '대학국어'라는 이름으로는 이제 시대적 요청에 부응할 수 없게 되었다는 것을 대학 당국이 인식하기에 이르렀다. 의사소통의 능력을 배양하기 위해 많은 대학은 관련 교과목의 개정에 착수하여, '읽기와 쓰기', '발표와 토론', '스피치', '사고와 표현' 등의 교과목을 필수교양으로 선정하기에 이르렀다. 개정되는 의사소통 관련 교양의 방향은 크게 글쓰기와 말하기[137]로 구분된다. 글쓰기 과목은 텍스트를 읽고 이해하여 자신의 독창적인 사고를 발전시키고 언어로 표현해내는 능력을 배양한다. 이것을 기초로 해서 학문을 할 수 있는 소양을 닦는 것을 목표로 한다. 텍스트를 읽고 이해한다는 것은 텍스트를 비판적 사고력을 가지고 수용하는 것을 의미하며, 자신의 독창적인 사고를 발전시킨다는 것은 문제의식을 가지고 자신의 생각을 구성한다는 측면에서 학술적 글쓰기라고 부를 수 있다. 그러나 문제는 이런 의도를 가지고 대학이 글쓰기 교육을 할 때 현실적으로 제대로 이루어지고 있는가를 살펴보아야 한다.

　대학의 글쓰기를 비롯한 교양 교육이 학문을 하는 기초 소양임에도 불구하고 외면당하고 있는 듯하다. 그 이유는 학생들이 취직에 필요한 직업교육이나 실무교육을 선호하기 때문이다. 학생들은 취직에 도움이 되도록 학점을 잘 받기 위해 스스로 교양을 기피한다. 되도록 편한 과목이나 부담이 적은 과목을 선호한다. 설사 글쓰기 관련 수업을 수강한다고 하더라도 그들의 리포트나 학생들이 쓴 글을 보면 자신이 쓴 글이라기보다 인터넷의 자료들을 옮겨 놓은 글들이 많다. 대학생들

---

137) 최근 대학에서 토론대회를 많이 개최하고 있다. 대학에서 말하기 교육은 자신의 생각을 보다 효과적으로 전달하는 것을 목표로 한다. 또한 다른 사람의 생각을 경청하고 다른 사람의 주장을 수용하기도 하며 검토하여 자신의 생각으로 비판하는 힘을 키우는 것을 목표로 한다. 현대 사회에서 요구하는 효과적인 말하기와 토론의 기술들을 훈련하는 교양이 개발되고 있다. 이 논문에서는 말하기보다는 글쓰기에 제한하도록 한다.

이 자신의 생각을 표현하기 위하여 써낸 글들은 써낸 글이 아 닌 퍼온 글이 많을 때도 있다. 학생들은 정보를 찾기 위하여 책이나 논문을 참고하는 것이 아니라 인터넷에 먼저 접속을 한다. 인터넷은 검증되지 않은 정보가 가득하기 때문에 먼저 정보 중 옥석을 가려낼 수 있는 교양이 필요하다. 우리 일상에 서 자주 접할 수 있는 인터넷은 정보의 바다라고 불리지만, 실 상은 학생들의 글쓰기 실력 배양에 걸림돌이 되고 있다. 인터 넷에서 서핑을 통해 얻을 수 있는 자료 중 일부들은 검증되지 않았기 때문에 학생들에게 기초적 지식이나 교양을 닦아줄 수 없다. 뿐만 아니라 학생들을 표절이라는 유혹을 자연스럽게 수용하게 되는 계기가 되곤 한다. 많은 고민과 독서를 통해 글 쓰기 실력을 향상시켜야 함에도 인터넷과 같은 신빙성이 없는 자료들을 선호하게 될 때 학생들은 글쓰기 능력뿐만 아니라 학문의 발전과 성취도 함께 결여될 수밖에 없다. 학생들은 무 비판적으로 인터넷을 이용하고 있고, 이것은 대학이 중점을 두고 있는 교양, 즉 인격의 형성이나 인격의 도야와는 역행을 하고 있는 것이다.[138]

대학에서 실행하고 있는 교양과정으로서 '글쓰기'가 학생들 에게 글쓰기 능력을 향상시킬 수 있는지에 대한 물음도 던질 필요가 있다. 이 문제는 글쓰기 환경과 관련이 있다. 우리나라 는 중·고등학교 때부터 철저하게 입시 위주의 교육을 받아왔 다. 대학에 입학하기 위한 시험과목에 치우친 고등학교 교육

---

138) 허재영 · 조미숙 · 박동근, 『교양작문의 이론과 실제』(서울: 도서출판 박이정, 2005), pp.180~187.

으로는 교양교육에 소홀할 수밖에 없다. 철저하게 암기하는 공부패턴은 모든 것을 공식으로 만들게 되었기 때문에 교양으로서 글쓰기는 외면당할 수밖에 없었다. 대학에 들어와도 사정은 점입가경이다. 고등학교 때 입시 위주 교육으로 글쓰기에 무관심했다면, 대학에 들어와서는 취업 위주와 전공 위주로 공부를 하기 때문에 교양으로서 글쓰기는 그 설 자리를 점점 잃어가고 있다. 대학에서 글쓰기 교육은 주당 2-3시간 정도 할애 되고 있다. 그리고 학생들이 쓴 글에 대한 첨삭까지 수행해야 하므로 절대적으로 시간이 부족하다. 이 시간 동안 때로는 맞춤법, 어법, 에세이 쓰기, 갖춘 학술적 글쓰기를 가르치기에는 부족하다. 그리고 글쓰기 교육을 통해 비판적 사고를 향상시키고 문제 해결 능력을 신장하여 의사소통의 능력을 배양하는 것은 더 어려운 것이 현실이다.

그리고 글쓰기 교육이 대학에서 원활하게 이루어진다 해도 과연 글쓰기 교육만으로 글쓰기 능력뿐만 아니라 비판적 사고력, 문제 해결 능력, 의사소통 능력이 향상될 수 있는가?

기초적인 글쓰기뿐만 아니라 각 개별 전공에서 특수화된 글쓰기를 하기 위해서 필요한 것은 글쓰기를 가르칠 수 있는 교수와 강사들의 전공이다. 글쓰기를 가르치는 대부분의 교수들과 강사는 국문과와 철학과 출신들이다. 이들이 한 대학에서 학생들에게 글쓰기를 가르치기 위해서는 그 대학 학생 수준에 맞는 교재를 포함하여 글쓰기 교육 프로그램이나 글쓰기 능력 제고를 위한 제도가 마련되어야 한다. 한 개인의 교수 스타일이나 특정 방법에 의존하는 것이 아니라 글쓰기 학습 과정을 체계적이고 보편적으로 마련해야 한다. 교수와 강사가 자신의 전공에서 배운 대로 자신의 방식대로 글쓰기를 교육할 때, 즉 합의를 통해 이루어진 체계화된 교육 프로그램이 없을 때 글쓰기 교육에 대한 아무런 실효성을 거둘 수 없다.

교양과목으로서 글쓰기가 지향하고 있는 목표를 이루기 위해서는 체계적인 교육 프로그램과 효과적인 강의 방식, 그리고 특정 학문의 탐구에 초점을 맞춘 것이 아닌 전공이 연계할 수 있는 체계가 마련되어야 한다.

3) 교양으로서 글쓰기의 방향

현대사회에서 글쓰기는 필수적이기 때문에 학문의 전당에서 글쓰기 교육이 체계적으로 이루어지지 않으면 안 된다. 우선 글쓰기의 능력은 교양으로서 자질 함양을 위한 글쓰기 능력을 배양해야 한다. 이것은 전인적 인격의 완성을 이루는 것을 목표로 한다. 우리의 일상생활에 편지쓰기, 이메일 보내기, 자기소개서 작성, 이력서 등의 문서 작성과 최근 들어서는 미니 홈페이지와 블로그, 트위터나 문자메시지와 같이 간단한 글도 유행하고 있다. 이런 글쓰기 공간의 확대와 다양화는 소수 또는 일부 계층에만 국한되었던 글쓰기가 많은 사람들이 함께 참여할 수 있는 기회를 제공해 주었고, 동시에 글쓰기 능력이 요구되었다. 일상생활에서 글쓰기는 자신의 삶 속에서 일어나는 일들을 성찰을 통해서 자아발견을 할 수 있는 계기가 될 수 있다.139) 생활 속에서의 글쓰기는 생각과 정보를 공유함으로써 자신뿐만 아니라 인간을 이해하고 타인과 더불어 조화를 이루며 살 수 있는 중요한 역할을 한다. 자신이 생각하고 있는 것이나 정보를 한 사회의 구성원과 함께 공유하고 교환하는 것이 사회 구성원140) 사이의 의사소통 능력이다. 타인의 주장을 정확히 이해하고 해석하여 글을 통해 자신의 견해를 개진함으로써 상대방에게 전하는 능력이 요구된다. 대학교양 교육의 일환인 글쓰기를 생활 속에서 실행함으로써 자아의 발견과 인간과 인간을 포함하는 자연과 세계를 이해하는 것은 사회적 차원의 의사소통을 이루어가는 것이다. 글쓰기를 통해 자아와 타자와의 공감대를 형성할 수 있고, 소통의 새로운 장을 마련할 수 있을 뿐만 아니라 인간의 환경과 세계를 이해할 수 있도록 해야 한다. 생활 속에서의 글쓰기는 자신이 살고 있는 삶의 환경에 토대를 두면서 다른 환경에서 다른 방식으로 살아가는 타인과 관계맺을 수 있는 방법으로 나타난다. 인간과 인간 사이의 원활한 관계 맺기를 위해 필요한 것은 의사소통 능력이며, 글쓰기는 바로 일상생활 속에서 의사소통 능력으로서 사람들 사이의 소통의 오차를 줄이는 역할을 담당해야 한다.

대학에서 지향하는 글쓰기는 일상생활 속의 글쓰기뿐만 아니라 비판적 사고력의 신장과 함양을 목적으로 하는 학술적

---

139) *Ibid.*, pp.180~187.

140) 글쓰기는 사회 구성원 일부에 한정된 것도 아니고 한 개인의 글쓰기 능력에만 의존하는 것이 아닌 사회 구성원 모두가 주체가 되어 인간 사이의 원활한 관계를 맺는 수단이 되었다. 글쓰기를 매개로 사회 구성원 사이의 의사소통이 이루어지기 때문에 글쓰기는 사회적 차원의 의사소통 수단이라 할 수 있다.

글쓰기 능력을 배양해야 한다.[141] 대학의 교양교육에서 학술적 글쓰기의 능력을 강조해야 하는 이유는 무엇인가?

글쓰기의 목적은 자신의 생각을 막연히 나열하는 것이 아니라 현안에서 문제를 설정하는 능력이다. 비판적 사고의 가장 핵심적인 바탕은 문제 해결적 사고이기 때문이다.[142] 대학생활 중 교양으로서 글쓰기, 다양한 리포트 쓰기, 창의적인 글쓰기 등의 활동을 한다. 이런 활동들은 창의적인 사고력의 신장, 합리적인 의사소통 능력의 배양, 그리고 문제 해결 능력의 토대를 마련하기 위한 것이다. 더 나아가 인문학적 글쓰기, 사회학적 글쓰기 등과 같은 세분화된 전문적이고 학술적인 글쓰기[143] 능력까지 지향해야 한다. 이러한 차원에서 글쓰기의 실제 영역은 전공분야와의 학제 간의 융합도 필요하다.

글쓰기는 개별 교양과목으로만 자리매김 될 때 진정한 의미의 글쓰기 교육이 될 수 없다. 다시 말해, 글쓰기 교육은 대학의 모든 개별학문과 연계해서 가르칠 필요가 있다는 말이다. 실제로 강의현장에서 보면 인문대 학생과 다른 단과대 학생들 사이에 글쓰기의 능력이 차이가 현저한 경우가 많다. 그것은 국문학과와 철학과와 같은 인문대 학생들에게는 비교적 글을 쓸 수 있는 기회가 많이 제공되지만, 공과대 학생들에게는 상대적으로 기회가 적은 것이 전공의 특성이기 때문이다. 공과

---

141) 정희모, 「글쓰기 학습 연구와 사고력 학습에 관한 연구」, 『현대문학의 연구』, 한국문학연구학회, 2005, pp.427~428.

142) 린다 플라워, 『글쓰기의 문제해결전략』, 원진숙 · 황정현 역(서울: 동문선, 1998), p.25.

143) 학술적인 글쓰기에 대해서는, 원진숙, 「대학생들의 학술적 글쓰기 능력 신장을 위한 작문 교육방법」, 『어문논집』, 2005년 참조.

대 학생이기 때문에 글쓰기 기회가 적어도 좋다는 생각은 바람직하지 않다. 교양과목으로서 글쓰기의 목표가 '비판적 사고력의 신장과 함양'이라면 이것은 모든 전공에 해당한다. 만일 교양과목 중 하나로 이수해야 하는 글쓰기로 남아 있다면, 학생들의 글쓰기 능력은 한 과목의 이수를 통해 크게 달라지지 않을 것이다. 교양과목으로 글쓰기의 한계를 극복하기 위해서는 학교 당국과 단과대학의 글쓰기 교육 프로그램을 마련해야 한다.[144] 글쓰기 능력은 해당 교양교과목에서 교육되는 것뿐만 아니라 모든 전공에서도 글쓰기 훈련을 통해 학생들의 글쓰기 능력을 지속적으로 배양해야 한다. 학술적인 글쓰기의 능력은 한 교과목 안에서 향상될 수 없다. 다른 전공 및 교과과정 안에서도 글쓰기와 연계해서 전공 수업을 할 수 있도록 의식의 변화와 발상의 전환을 꾀하여야 하며 제도적인 마련 또한 해야 한다.

마지막으로, 대학은 '글쓰기'를 통해 학생들에게 실용적 글쓰기 능력을 배양해야 한다. 극심한 취업난으로 청년들이 취업난에 고민하고 있다. 대학은 이 난국을 타개해 나가기 위해 실용적 지식을 갖춘 인재의 양성을 위해 발 벗고 나섰다. 여기서 실용적 지식이란 전공뿐만 아니라 교양 영역을 아우른다. 글쓰기 역시 실무 능력에 매우 중요한 부분을 차지한다. 학생들이 졸업 후 직장 생활을 할 때 가장 어려움을 겪는 것들은 회사에서 기획안을 작성하거나 보고서를 작성하는 행위이다.

---

[144] 원만희, 「대학 글쓰기 교육의 개선 방향과 방법에 관한 시론」(『교양교육연구』 3권 1호, 2009) 참조.

이것은 일상생활 속에서 의사소통을 위한 간단한 글쓰기와도 다르며 비판적 사고력을 가지고 쓰는 학술적 글쓰기와도 사뭇 다르다. 이런 글쓰기는 실용적인 목적을 위한 글쓰기이다. 실용적 글쓰기는 일정한 규칙이나 양식이 존재하는 것은 아니다. 머릿속에 있는 구상들을 구체화시켜 실현시킬 수 있도록 계획해 나아가는 것으로 현재의 문제점을 파악하고 좀 더 좋은 방법을 구상하는 데서 출발하는 창조적인 글쓰기이다. 자신의 아이디어를 타인이 이해할 수 있도록 전달하는 힘을 키워야 한다.

이상의 논의를 정리해 보면 다음과 같다.

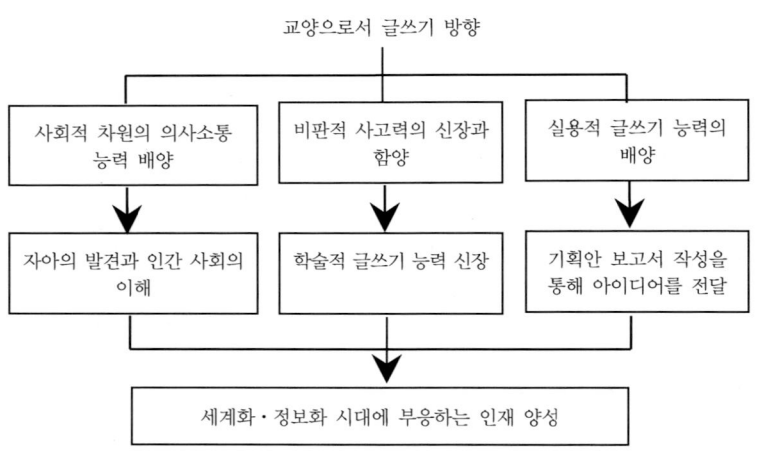

이상으로 대학의 교양교육으로서 '글쓰기'가 나가야 할 방향에 대해 살펴보았다. 대학에서 '글쓰기' 교육을 통해 사회적 차원의 의사소통 능력을 배양하고, 비판적 사고력의 신장과

함양으로 학술적 글쓰기 능력을 신장해야 한다. 마지막으로 실용적 글쓰기 능력을 배양해야 한다. 21세기 세계화·정보화 시대는 자아와 인간 사회를 이해할 줄 알며 학술적이고 실용적인 소양을 갖추고 전 세계를 무대로 뛰는 진취적인 인재를 요구한다. 대학의 교양교육으로서 '글쓰기'를 통해 이런 인재들을 끊임없이 준비해야 할 것이다.

4. 나오는 말

앞에서 살펴본 것처럼 고대의 철학자 아리스토텔레스는 교양 교육의 목표를 개인적 차원과 사회적 차원으로 나누었다. 개인적 차원의 목표는 조화로운 인간을 이루어가는 자아의 실현에 두었으며, 사회적 차원의 목표는 개인이 모여 이룬 공동체인 국가가 선 또는 훌륭한 삶을 살도록 안내하는 것이다. 결국 아리스토텔레스는 교양교육을 통해 한 개인의 가치를 높여주고 한 개인의 삶뿐만 아니라 사회적으로도 훌륭한 삶을 살게 함으로써 국가에 유익한 선한 시민의 양성하는 것을 목표로 하고 있다. 필자는 아리스토텔레스의 교양교육의 목표는 현대 대학의 교양교육, 특히 글쓰기 교육을 통해 이루어져야 한다고 여긴다. 교양으로서 글쓰기의 방향은 크게 세 가지이다. 글쓰기를 통해 자아의 발견과 인간 사회에 대한 이해, 비판적 사고력의 신장과 함양을 통한 학술적 글쓰기 능력 향상,

그리고 실용적 글쓰기를 통해 현대 사회에 필요한 인재의 양성이다. 글쓰기의 궁극적인 목표는 세계화·정보화 시대의 사회와 국가에 필요한 인격을 갖춘 인재의 양성이라면 이것은 아리스토텔레스의 교양교육의 목표와 다를 바 없다고 본다. 현대 대학에서 교양과정의 많은 문제와 한계를 극복하고 아리스토텔레스의 교양교육의 목표를 토대로 현대 사회에 적합한 인격과 인재의 양성을 할 수 있는 내실화를 기해야 할 것이다.

/ 참고문헌 /

1차 문헌

Aristotle, *Aristotle on Rhetoric*, Trans. with Introduction, Note, and Appendixes
　　　　by George A. Kennedy, Oxford, 1991.

＿＿＿＿, *Politics*, with an English Translation by H. Rackham, M.A.,
　　　　massachusetts, Harvard University Press, 1959.

＿＿＿＿, *Posterior Analytics*, Tra. by Hugh Tredennick, Cambridge, 1966.

＿＿＿＿, *Prior Analytics*, Tra. by Hugh Tredennick, Cambridge, 1949.

＿＿＿＿, *Topica*, Trans. by E. S. Forster, Cambridge, 1966.

＿＿＿＿, *Metaphysics,* trans by Hugh Tredennick, M. A, Cambridge: Harvard
　　　　University Press, 1947.

＿＿＿＿, *Nicomachean Ethics*, trans by H. Rackham, Cambridge: Harvard
　　　　University Press, 1926.

＿＿＿＿, *Politics*, trans by H. Rackham, Cambridge: Harvard University Press,
　　　　1959.

Plato, *Gorgias*, Trans. by Terence Irwin, New York, 1982.

아리스토텔레스, 『변증론』, 김재홍 역, 서울: 까치글방, 1998.

＿＿＿＿＿＿, 『니코마코스윤리학』, 이창우 외 2인 공역, 서울: 이제이북
　　　　스, 2008.

＿＿＿＿＿＿, 『정치학』, 이병길 역, 서울: 박영사, 2007.

2차 문헌

Bons, J. A. E., "Reasonable Argument before Aristotle: The Root of The Enthymeme". *Dialectic and Rhetoric* ed., Frans H. Van Eemeren, Peter Houtlosser, Boston, 2002.

Bloome, B. & J. Green, "Educational contexts of literacy". In W. A. Grabe (Ed.).

_____, *Annual Review of Applied Linguistics*, 12, 49-70, New York: Cambridge University Press, 1992.

Burnyeat, M. F., "Enthymeme-Aristotle on the Rationality of Rhetoric". *Essays on Aristotle's Rhetoric.* ed., Amelie Oksenberg Rorty. Berkeley, 1996.

_____, "Enthymeme: Aristotle on The Logic of Persuasion", *Aristotle's Rhetoric-Philosophical Essays* ed., David Furley and Alexander Nehamas, New Jersey, 1994.

Butts, Freeman. *A Cultural History of Education: Reasoning Our Educational Traditions.* New York: McGraw-Hill Book Co., 1947.

Carey, C., "Rhetorical means of persuasion". *Persuasion-Greek Rhetoric in Action* ed. Ian Worthington, New York, 1994.

Corbett, E. P. J., *Classical Rhetoric for the Modern Student,* Oxford, 1965.

Cope, E. M., *The Rhetoric of Aristotle 1,* Cambridge, 1877.

Cunningham, D. J., *Assenssing constructions and constructing assessments: A dialogue Educational Technology,* New York: The Seabury Press, 1995.

Dewey, John, *We Think: A Restatemen of the Relation of Reflective Thinking to the Educative Process,* Boston: D. C. Heath, 1993.

Fonsnot, C., *Constructing constructivism,* New Jersey: Erlbaum. 1992.

Gilles, C., *We make an idea: Cycles of meaning in literature discussion groups.* Portsmouth: Heinemann, 1993.

Grimaldi, W. M. A., *Aristotle Rhetoric 1. A Commentary,* New York, 1980.

Gutek, Gerald L. *A History of the Western Educational Experience.* New York: Random House, 1972.

Herrick, James A., *The History and Theory of Rhetoric,* Boston, 2001.

O'Brien, T., *Some thoughts on treature-kiiping,* New York: Macmilian, 1996.

Perelman, C., *The Realm of Rhetoric,* Indiana, 2003.

Peterson, R. & M. Eeds, *Grand conversations: Literature groups in action*, Ontario: Scholastic Canada Ltd, 1990.

Resnick, L., *Learning in school and out: Educational Researcher*, New York: Paulist Press, 1992.

Ryan, E. E., *Aristotle's Theory of Rhetorical Argumentation*, Montreal, 1984.

가톨릭대학교 교양교육원, 『분석과 창의적 문제 해결』, 서울: 가톨릭대학교 출판부, 2005.

강태완 외, 『토론의 방법』, 서울: 커뮤니케이션북스, 2001.

게르트 위딩, 『고전 수사학』, 박성철 역, 서울: 동문선, 1996.

김 현, 『수사학』, 서울: 문학과 지성사, 1985.

나승일, 『대학에서의 효과적인 교수법 가이드』, 서울: 서울대학교 출판부, 2007.

리처드 로티, 『인문과학의 수사학』-학문과 공공 부문에 있어서의 언어와 논증, 양태종 외, 서울: 고려대학교 출판부, 2003.

린다 플라워, 『글쓰기의 문제해결전략』, 원진숙 · 황정현 역, 서울: 동문선, 1998.

박상준, 「대학 토론교육의 문제와 해결방안 시론-토론교육의 목적을 중심으로」, 『어문학』 25(2009).

박성창, 『수사학』, 서울: 문학과 지성사. 2000.

박숙희 · 염명숙, 『교수-학습과 교육공학』, 서울: 학지사, 2007.

박승억 외, 『토론과 논증』, 서울: 형설출판사, 2005.

배영주, 『자기주도학습과 구성주의』, 서울: 원미사, 2005.

손동현 외, 『학술적 글쓰기』, 서울: 성균관대 출판부, 2005.

손민호, 『구성주의와 학습의 사회 이론』, 서울: 무음사, 2005.

숙명여대 의사소통능력 개발센터, 『발표와 토론』, 서울: 숙명여대, 2008.

원만희, 「대학 글쓰기 교육의 개선 방향과 방법에 관한 시론」, 『교양교육연구』 3권 1호, 2009.

이상철 외, 『스피치와 토론』, 서울: 성균관대학교 출판부, 2009.

이정옥, 『토론의 전략』, 서울: 문학과 지성사, 2009.

정희모, 「글쓰기 학습 연구와 사고력 학습에 관한 연구」, 『현대문학의 연구』, 한국문학연구학회, 2005.

정희모, 『글쓰기 교육과 협력학습』, 서울: 삼인, 2006.

조종혁, 『커뮤니케이션학』, 서울: 세영사, 1999.

천대윤, 『토의 · 토론 · 회의 방법론』, 서울: 선학사, 2004.

티모시 보셔스, 『수사학 이론』, 이희복 외 3인 역, 서울: 커뮤니케이션북스, 2007

하병학, 「토론과 설득을 위한 우리들의 논리」, 서울: 철학과 현실사, 2001.

한석환, 「아리스토텔레스와 수사적 논증의 문제」, 『서양고전학연구』 25집, 2006.

_____, 「수사학의 학적 위상」, 『철학연구』 67집, 2004.

_____, 「아리스토텔레스 수사학의 철학적 기초」, 『철학』 74집, 2003.

허재영 · 조미숙 · 박동근, 『교양작문의 이론과 실제』, 서울: 도서출판 박이정. 2005.

호세 안토니오 에르난데스 게레로, 마리아 델 카르멘 가르시아 테헤라, 『수사학의 역사』, 강필운 역, 서울: 문학과 지성사, 2001.

J. 크로스화이트, 「이성의 수사학」, 오형엽 역, 서울: 고려대학교 출판부, 2001.

박삼열

숭실대학교 베어드학부대학, '읽기와 쓰기' 주임교수

담당 교과목: '읽기와 쓰기', '토론과 커뮤니케이션'

토론대회 자문위원 및 심사위원
제1회 문화체육관광부 장관배-전국대학생 토론경연대회 자문위원
제1회 아시아문화 전국대학생 독서토론대회 자문위원 및 심사위원
제1, 2회 국회의장배 전국대학생 토론대회 심사위원
제1, 2, 3회 숭실토론대회 심사위원

특강
2008년   5월20일   토론식 수업에서의 교수자 전략(숭실대학교)
          10월 8일   대학생 토론의 달인이 되자(숭실대학교)
          10월22일   토론식 수업에서의 교수자 전략(상명대학교 서울 캠퍼스)
          10월29일   토론식 수업에서의 교수자 전략(상명대학교 천안 캠퍼스)
2009년   4월 1일   대학생 토론의 달인이 되자(성결대학교)
2010년   10월 7일   효과적인 토의법 수업(호서대학교)
2011년   6월16일   학생과 함께하는 토의, 토론 노하우(동국대학교)
          11월 3일   합리적으로 토론하는 대학생 되기(조선대학교)
          11월 8일   학생과 함께하는 토의, 토론 노하우(나사렛대학교)

저서
『스피노자의 윤리학 연구』(2002년)
『스피노자와 후계자들』(2010년)
『서양 근대 합리론 특강』(2010년)

토론과
수사학

초판인쇄 | 2011년 11월 25일
초판발행 | 2011년 11월 25일

지 은 이 | 박삼열
펴 낸 이 | 채종준
펴 낸 곳 | 한국학술정보㈜
주   소 | 경기도 파주시 문발동 파주출판문화정보산업단지 513-5
전   화 | 031) 908-3181(대표)
팩   스 | 031) 908-3189
홈페이지 | http://ebook.kstudy.com
E-mail | 출판사업부 publish@kstudy.com
등   록 | 제일산-115호(2000. 6. 19)

ISBN   978-89-268-2855-7 93710 (Paper Book)
        978-89-268-2856-4 98710 (e-Book)